Luis Lacosta

**LA VERDAD DE LO INVISIBLE**
Vivencias de un Director de Arte
Sobre la presente edición:
© **Luis Lacosta Alverich**, 2016

**Investigación, entrevistas, redacción y edición:**
Lic. Norma Gálvez Periut

**Compilación de películas premiadas:**
Luciano Castillo

**Publicado por:**
Eriginal Books LLC
Miami, Florida
www.eriginalbooks.com
www.eriginalbooks.net

**Edición:**
Baltasar Santiago Martín, Fundación APOGEO

**Diseño de cubierta:**
Francisco Masvidal Gómez

**Maquetación:**
ENZOft Ernesto Valdes

**Fotografías:**
Archivo ICRT, ICAIC y del autor

ISBN-13: 978-1-61370-094-5
ISBN-10: 1-61370-094-6

Todos los derechos reservados. Bajo las sanciones establecidas en el ordenamiento jurídico, queda rigurosamente prohibido, sin autorización escrita de los autores del copyright, la reproducción total o parcial de esta obra por cualquier medio o procedimiento, comprendidos la reprografía y el tratamiento informático, así como la distribución de ejemplares mediante alquiler o préstamo públicos.

Impreso en Estados Unidos de América.

*In Memoriam*
Luis Márquez, maestro siempre;
Alberto Pauste, amigo.

Ver la luz desde el fondo de lo invisible ha sido mi empeño en esta etapa de mi vida, camino recorrido junto a Arely Benítez, que forjó sus ansias para que este libro trascendiera a la realidad, reafirmando la reflexión martiana de que toda obra tiene la grandeza de una mujer. Gracias, Arely, por tu esfuerzo y contribución para construir los cimientos de esta obra.

El autor

**Mi mayor gratitud**

A Luciano Castillo, por el tiempo y la dedicación al revisar este texto y escribir el prólogo. A él le debo interesantes aportes sobre los premios de películas por diseños de arte, dirección artística y escenografía. Gracias por la contribución al enriquecimiento de este texto.
A Francisco Masvidal, amigo de siempre, por dedicar su talento a diseñar la cubierta de este libro.
A Pedro Miguel Amézaga y Pedro Capín, por impulsarme a escribir este texto.

**Agradecimientos**

A:
José Jaúregui, Ángel Alderete, Elio Vives, Delso Aquino, Pedro García Espinosa, Sahily Tabares, María Elena Molinet, Eduardo Arrocha, Miriam Dueñas, José Ramón Artigas, Juanito Betancourt, Michaelis Cué, Oscar Faggete, Carlos Repilado, Marlon Brito, Jorge Valiente, José Loyola, Claudia Alonso, Mayra Cué, Carlos Maseda, Tony Angelino, Tomás Piard, Piedad Subirats, Carlos Torres, Manuel Herrera, Rogelio París, Armando Suárez del Villar Fernández Cabada, Mario Naito, José Luis Rodríguez, José Hernández, Antonio Fernández Reboiro, Carlos Torres, María Elena Pelly, Xiomara Romero, Tania García, Verónica Soto Hiller...

"Ejercer la profesión artística que uno ama diariamente resulta fácil, mas cuando se trata de escribir sobre ella, ya se torna complicado; trasmitir la experiencia acumulada se convierte en una necesidad, pero no es lo mismo realizar esa labor cotidiana, llena de creatividad y conocimientos técnicos, que decir cómo se hace".

Luis Lacosta Alverich

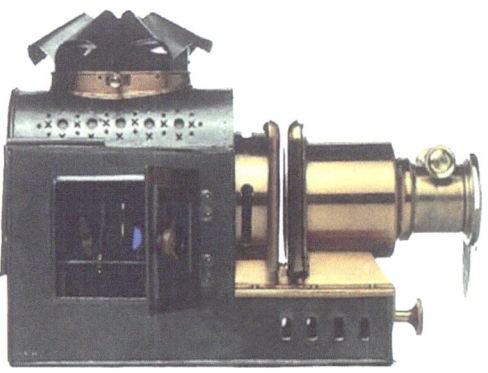

# A MODO DE
# presentación

Hace más de cincuenta años entró a la televisión el inquieto Luis Lacosta Alverich. La familia, sobre todo el padre, constataba que su vástago no cumpliría los sueños de ser médico o abogado, pues su entretenimiento y quehacer eran dibujar y pintar. Ello condicionó que le pidiera a ese gran actor de la radio, la televisión y el cine cubano que fue Enrique Santisteban, amigo de la familia, que llevara a su hijo a la televisión, donde pudiera dibujar y pintar a sus anchas. Así, entra a la televisión por la **puerta ancha**, ya que para su suerte, lo acogió como discípulo ese gran maestro que fue Luis Márquez.

Muchos años de bregar intenso, aprendiendo los secretos que solo podían trasmitirse en el oficio y arte de los escenógrafos, y así pasaron meses y años, rellenando círculos, preparando pinturas, pintando telones, paneles. Observaba cada detalle como si en ello le fuera la vida; así, como en gran escuela práctica, fue desentrañando los secretos de la escenografía y esta se convirtió en su vida. Mucho tiempo ha pasado desde entonces. Hizo el circo, como primer programa; le siguieron musicales, dramatizados, pero tenía un sueño: el cine. En los primeros años de los sesenta llegó al cine, donde le esperarían años de búsqueda, de estudios, cómo ir de la televisión al cine, y sobre todo, cómo quedar atrapado entre los dos medios sin abandonar ninguno. Estos dos amores han impregnado la vida de Luis Lacosta, que hoy nos da el testimonio de su dedicación al arte.

La editora

# NOTAS PARA UN
# Prólogo

En pocas ocasiones los espectadores comunes —y ni siquiera algunos críticos— se fijan en ese crédito de una película que algunos relegan o subvaloran, y que varía de acuerdo a la nacionalidad: *scenografie* para los italianos, *décors*, según los franceses; *Set Decoration* para los anglosajones... Otro tanto ocurre a veces con exponentes de las nuevas generaciones que ejercen esta especialidad, y pretenden partir de cero, ignorando todo un legado histórico. No escasos libros de referencia bastante consultados optan por suprimirlo al sintetizar las fichas técnicas (como también sucede con el menospreciado sonido).

El director de arte no solo es el diseñador de los *sets* Requeridos, o el encargado de remodelar locaciones seleccionadas de acuerdo a las exigencias del argumento, sino que con el trabajo estrecho con el realizador, el director de fotografía y el diseñador de vestuario contribuye a crear la atmósfera visual de un filme. No puede omitirse el aporte imprescindible del ambientador, responsable del mobiliario y hasta del más mínimo objeto decorativo. Jean Tulard, profesor de La Sorbona, que fuera miembro del consejo de administración de la legendaria cinemateca francesa, en su *Dictionnaire du Cinéma*, define con precisión: «El cine es el arte de la ilusión y el decorado desempeña en él una función esencial».

La historia del séptimo arte sería otra sin la contribución de renombrados artistas que moldearon esas imágenes que tanto amamos. Nadie puede olvidar la descomunal criatura que abre sus fauces, bosquejada por Camillo Inocenti en *Cabiria* (1914), de Giovanni Pastrone, y mucho menos la escalinata que aparece en el filme *Intolerancia* (1916), circundada por gigantescas estatuas en el episodio babilónico. Con *Intolerancia*, dirigida por David Wark Griffith, el escenógrafo Walter Hall marcó una etapa en la historia del decorado en el cine.

El expresionismo alemán y el realismo poético francés serían inconcebibles sin la función protagónica atribuida a los estilizados decorados, sea una calle de ángulos insólitos por donde se desplaza amenazador el hipnotizado Cesare de *El gabinete del doctor Caligari* (1920), de Robert Wiene, según bocetos de Walter Rohrig, o la minuciosa reproducción de ambientes urbanos y paisajes campestres en enormes *platós* por los artistas galos. Descuella entre ellos Lazare Meerson (1900-1038), de origen ruso, quien trabajó principalmente con René Clair, satisfecho por el pasmoso realismo con que edificó la barriada de *Bajo los techos de París* (1930), y Jacques Feyder, para quien en abierta ruptura con el legado expresionista reconstruyó en todos sus pormenores una aldea flamenca en *La kermesse heroica* (1935).

Otro nombre resonante como pocos es el del asistente de Meerson en los dos filmes citados: Alexandre Trauner, de origen húngaro, heredero tras la desaparición física de su maestro, de la tradición realista. Pronto alcanza la cima al servicio de Marcel Carné en la tetralogía conformada por *El muelle de las brumas* (1938), *Hôtel du Nord* (1938), *Amanece* (1938) y *Las puertas de la noche* (1946). Deviene luego por su refinamiento en el escenógrafo favorito del austriaco Billy Wilder para el cual creó tanto la oficina descomunal demandada por *El apartamento* (1960), las callejuelas por las cuales deambula la cándida prostituta de *Irma la Douce* (1963), así como una Inglaterra apropiada para las pesquisas *conandoyleanas* de *La vida privada de Sherlock Holmes* (1970), y el decadente telón de fondo para retratar el ocaso de una diva del cine en *Fedora* (1977). Trauner cuenta con una de las filmografías más nutridas y prestigiosas al diseñar para cineastas tan afamados como Howard Hawks (*La tierra de los faraones*), Fred Zinneman (*Historia de una monja*), John Huston (*El hombre que quiso ser rey*) o Joseph Losey (*Monsieur Klein, Don Giovanni*), por solo citar unos pocos. La impresionante obra de Georges Wakhevitch (1907-1984), otro escenógrafo ruso radicado en Francia, evidencia su diversidad estilística.

*La bella y la bestia* (1945) es inimaginable sin el inquietante castillo de candelabros y estatuas vivientes concebido por Christian Bérard (1902-1949), importado por Jean Cocteau desde el teatro. De las tablas también procedía León Barsacq, cuyos diseños fueron capitales para numerosos clásicos no solo del cine francés, entre estos: *La Marseillaise* (1938), de Jean Renoir, *Los visitantes de la noche* (1942) y *Los niños del paraíso* (1944), realizados por Marcel Carné (en los cuales colaboró Trauner), así como *La belleza del diablo* (1949) y *Las grandes maniobras* (1955), de René Clair. ¡Y qué decir de la esplendorosa recreación por Jean d'Eaubonne (1903-1971) del París de la *belle epoque* en *Casco de oro* (1952), de Jacques Bécker, y la apoteosis visual alcanzada en *Madame de...* (1953) y *Lola Montes* (1956), ambos realizados por Max Ophüls.

La connotación de sinfonías visuales adquiridas por las composiciones de Serguéi M. Eisenstein en *Alexander Nevski* (1938) e *Iván el terrible* (1944), son asombrosas, no solo por la conjunción con el trabajo del operador Eduard Tissé y las soberbias partituras compuestas por Serguéi Prokófiev, sino por la plasticidad aportada por el genial decorador Yuri Chakhporonov.

Si bien William Cameron Menzies (1896-1957), conceptuado como el más célebre de todos los decoradores cinematográficos, fue el primero en obtenerlo en 1928, uno de directores artísticos norteamericanos que más subió a recoger el premio Oscar (que diseñó) fue Cedric Gibbons (1893-1960), en once oportunidades, mientras que su colaborador Edwin B. Willis recibió ocho estatuillas en la categoría de *Set Decoration*, por solo mencionar algunos precursores, sin omitir al prolífico Lyle Wheeler por *Lo que el viento se llevó* (1939) o Vincent Korda por *El ladrón de Bagdad* (1940). Solo un decorador como Richard Day pudo traducir en su escenografía la excelencia de los directores con quienes trabajó, fuera el maldito Erich von Stroheim (*Esposas frívolas, Avaricia, La viuda alegre, La marcha nupcial*), John Ford (*Qué verde era mi valle*), Elia Kazan (*Un tranvía llamado deseo*) o King Vidor (*Salomón y la reina de Saba*).

Quién sabe la suerte que habrían corrido el Drácula personificado por Bela Lugosi en 1931 para Tod Browning o el Frankenstein a cargo de Boris Karloff para James Whale, de no contar con el profesionalismo del decorador inglés Charles D. Hall, diseñador del tenebroso castillo transilvano donde el vampiro atrae a sus víctimas, y del laboratorio en el cual la monstruosa criatura es dotada de vida por su trastornado creador. Entre los ilustres profesionales que el megalómano Orson Welles reunió para su antológico debut detrás de las cámaras figuró Van Nest Polglase —el principal en su oficio en la compañía RKO—, quien concibió el entorno preciso para ilustrar el itinerario de *Ciudadano Kane* (1941), ya sean sus inicios en la modesta redacción del diario o la opulencia y declive de la mansión Xanadú, su refugio.

En su afán por captar al hombre en toda su autenticidad, el neorrealismo rehusó las rebuscadas escenografías y lanzó las cámaras a las calles en la Italia de la postguerra; mientras que la nueva ola francesa también renunció a los estudios, y el decorador Bernard Evein tuvo que ingeniárselas para escoger las locaciones perfectas reclamadas por Truffaut en *Los cuatrocientos golpes*, Agnès Varda (*Cleo de cinco a siete*), Jacques Demy (*Los paraguas de Cherburgo*) y Louis Malle (*Fuego fatuo*). Esta opción la compartieron en general los jóvenes coléricos del cine británico de los áureos años 60. Pero como subraya Tulard, el decorado nunca fue abandonado por formar parte de la magia del cine.

El italiano Piero Gherardi (1909-1971) fue el diseñador escenográfico preferido por Federico Fellini, desde que colaboró con él en *Las noches de Cabiria* (1947) y lo llamó luego para convertir en realidad sus esbozos en ese título parteaguas que es *La dulce vida* (1960) y el magistral *Ocho y medio* (1963). El personalísimo universo felliniano exigía un talentoso artista como él, dotado de la capacidad de conferir a los decorados el rango de personajes, como en *Julieta de los espíritus* (1965), en el cual exploró las posibilidades expresivas del color en la textura del vestuario. El prodigioso francés Pierre Guffroy tuvo la ductilidad suficiente para adaptarse a modos tan disímiles como los de Jean-Luc Godard (*Pedrito el loco*), Robert Bresson (*Mouchette*), Luis Buñuel (*El discreto encanto de la burguesía*), Roman Polanski (*Tess*) y Ettore Scola (*La noche de Varennes*), genuinas piezas de orfebrería.

Mario Garbuglia, de exquisitez advertida en las puestas teatrales del muy exigente Luchino Visconti, le condujeron a ser un miembro decisivo en los equipos de rodaje de sus filmes, portadores de una belleza tan indescriptible como *El Gatopardo* (1963) y *El inocente* (1976), rodados en espléndidas locaciones, o los aristocráticos interiores reproducidos en estudio para *Grupo de familia* (1975), todos con un uso espléndido del Technicolor, que no se echa de menos en la sobriedad del blanco y negro escogido para *Vagas estrellas de la Osa* (1965). Por la riqueza de los detalles en sus diseños y una rara habilidad para aprehender el espíritu de un período histórico fue reclamado para la superproducción *Waterloo* (1970), encomendada por Dino de

Laurentiis al cineasta soviético Serguéi Bondarchuk, y *La verdadera historia de la dama de las camelias* (1981), dirigida por el toscano Mauro Bolognini, no menos preciosista. La impronta de Garbuglia es evidente en la labor de su coterráneo Dante Ferreti, sobre todo en esa joya que es *La edad de la inocencia* (1993), de Martin Scorsese, sin excluir al griego Dean Tavoularis en *El padrino II* (1974), que le convirtió en colaborador habitual de otro italonorteamericano, Francis Ford Coppola, o al británico Ken Adam, gestor de la extraordinaria evocación de época de *Barry Lyndon* (1975), a las órdenes del rigurosísimo Stanley Kubrick.

Con su modestia característica, Luis Lacosta, perenne defensor de que el olvido injusto, discriminatorio, malsano o indolente empañe la memoria del cine cubano, pertenece también a la estirpe de estos creadores de entornos ideales para que las cámaras sigan a los personajes. Tuvo el privilegio de ser acogido como discípulo por alguien tan experimentado como Luis Márquez, a quien ayudó en el empeño de remedar la atmósfera fidedigna de un solar habanero en los Estudios de Cubanacán para el musical *Un día en el solar* (1965), de Eduardo Manet, que llegaron a cubrir el patio central con auténticos adoquines y las construcciones se levantaron con ladrillos. Al cabo de dos décadas, junto al crepuscular Márquez, Lacosta delineó el convincente decorado de ese país imaginario latinoamericano en el cual el novelista guatemalteco Miguel Ángel Asturias situó la trama de *El señor Presidente*, quizás lo único rescatable en la pedestre adaptación cinematográfica emprendida por Manuel Octavio Gómez.

Apasionado por el cine, Lacosta había dado sus primeros pasos en aquella tan añorada televisión en vivo de resultados más memorables que muchas efímeras realizaciones contemporáneas con las tecnologías más sofisticadas. Con su perenne exigencia no es raro escucharle, por ejemplo, reprochar en alguna telenovela criolla la incongruencia entre un actor vestido con una camisa de cuadros azules, sentado a una mesa cubierta con un mantel de cuadros azules, en un comedor de paredes pintadas también de color azul.

Título a título, Lacosta ha integrado una extensa trayectoria de gran diversidad genérica, en la que están presentes nuestros más importantes cineastas, sobre todo Manuel Octavio Gómez, con quien colaboró en casi todos sus largometrajes, y Tomás Gutiérrez Alea. en su compleja obra: *Una pelea cubana contra los demonios* (1971), en la cual formó parte del equipo liderado por Vittorio Garatti, Pedro García Espinosa y Roberto Larrabure. Reconoce el magisterio ejercido por el escenógrafo soviético Evgueni Svidietelev, que le animó a representar en estudios el cabaret y la habitación de la casucha del barrio Las Yaguas, adonde la mulata conduce al turista francés en *Soy Cuba* (1964), de Mijail Kalatózov, y por el diestro Pedro García Espinosa, al que asistió en las construcciones destinadas al relato ubicado en 1868 del clásico *Lucía* (1968), primer largometraje realizado por Humberto Solás. Eran los tiempos en que este aún prodigioso trabajo obtenido con mayor imaginación que recursos, era acreditado como escenografía por no haber admitido aún la dirección del ICAIC hasta 1990 el término más apropiado de dirección artística.

Más de medio siglo consagrado a su profesión permiten a Luis Lacosta atesorar una experiencia y un caudal de anécdotas que —felizmente— decidió verter en el presente libro, destinado en primer término a quienes se inician como directores de arte. Constituye una suerte de amenísima toma panorámica que recorre sus rudimentos, desde la escenografía como poesía espacial, para detenerse en la televisión y el cine de la isla, como también las interrelaciones existentes con otras manifestaciones artísticas, así como consejos para solucionar determinados problemas surgidos en la práctica de esta especialidad. Predomina la insistencia en el estrecho e indisoluble vínculo que debe establecer el director de arte con el responsable de la fotografía y el realizador para la consecución de una obra audiovisual. Complementan el volumen varias entrevistas en las cuales transmite algunas de sus vivencias y testimonios de algunos de los numerosísimos directores que coinciden en el profesionalismo del autor, nunca esquemático ni conformista en su trabajo.

Su lectura implica evocar toda una imaginería visual extraordinaria, no solo en el devenir del cine internacional, sino también en el nuestro: los planos como daguerrotipos obtenidos por el delirante fotógrafo Jorge Herrera y la labor encomiable de Luis Lacosta en *La primera carga al machete* (1969), de Manuel Octavio Gómez; el ingenio del siglo XVIII reproducido por medio de tejas de poliespuma y otros materiales perecederos empleados por García Espinosa y su equipo para *Cecilia* (1982), de Humberto Solás; y años después, de una fábrica azucarera digna de otra estampa costumbrista a lo Landaluce, diseñada por Carlos Arditti para *La última cena* (1976), de Tomás Gutiérrez Alea. Este cineasta tuvo la fortuna de llamar a José Manuel Villa para integrar la quinta Santa Bárbara, habitada por los fantasmas de la familia Loynaz, en un personaje que involuciona al mismo tiempo que sus moradores en *Los sobrevivientes* (1976). Mención especial ameritan las aproximaciones nada desdeñables al barroquismo carpenteriano en las versiones fílmicas de *El recurso del método* (1978), por el chileno Miguel Littin, y *El Siglo de las Luces* (1992), a cargo de Solás, con el concurso de un trío de escenógrafos con Guillermo Mediavilla al frente.

En medio de estas imágenes irrumpe, imborrable, el sello del talentoso Derubín Jácome, todo un mago para obtener asombrosos resultados propios de una costosa producción, con ínfimos presupuestos. en *Un hombre de éxito* (1986), de Humberto Solás, y *La bella del Alhambra* (1989), de Enrique Pineda Barnet. Comparte una mirada presta para descubrir locaciones idóneas en el eclecticismo arquitectónico capitalino con Onelio Larralde (*Hormigas en la boca*) y con Erick Grass, digno heredero apto para rememorar el presente y anticipar el futuro solicitados por Fernando Pérez para *Madrigal* (2007), o remontarse el pasado para sorprendernos con portentosas recreaciones de La Habana ochocentista en *José Martí: El ojo del canario* (2010). Y, que conste, apenas apuntamos unos cuantos ejemplos que acuden a la memoria, convencidos de que Luis Lacosta desde siempre hizo suya esa declaración de principios atribuida al maravilloso artífice que fuera D'Eaubonne —laureado en el Festival de Venecia por su hermosísimo trabajo en *La ronda* (1950)—, cuando expresó:

«El decorado es para mí el equivalente de un acompañamiento musical. No puede sobrepasar su papel, salvo en ciertos casos, en que el decorado deviene actor por sí mismo».

Luciano Castillo

# LA ESCENOGRAFÍA:
## poesía espacial

# Escenografía: El encanto de la imaginación

"Cada ciudad puede ser otra
cuando el amor la transfigura
cada ciudad puede ser tantas
como amorosos la recorren".

MARIO BENEDETTI

La escenografía es el ambiente que ofrece la imaginación, las representaciones que puedan desplegarse; es la poesía espacial que influye y determina el encanto de una obra artística, ya bien sea en el teatro, el cine o la televisión. Su surgimiento se enmarca dentro del antiguo teatro griego, allí nació y se desarrolló como el arte de adornar el teatro y el decorado pictórico que resultaba de esta técnica.

El concepto de la escenografía, para crear una atmósfera adecuada, es propio del Renacimiento, donde se utilizaba para dibujar y pintar un telón de fondo en perspectiva. Luego surge el teatro como edificio; ejemplo de ello es el Olímpico de Venecia, cuyo arquitecto fue Andrea Palladio (1508-1580).

Ruinas de un teatro griego

En sus inicios, **la escenografía** no era más que pinturas de telones para gloria del actor y del director, hasta que se torna parte del ritual y se reinventa constantemente, para dar mayor lucidez a las puestas en escena. Es la contribución original a la realización del espectáculo, al que dibuja con mayor precisión, y toma en cuenta estos elementos: la escena y la configuración; la relación escena-sala; la inscripción de la sala en el edificio teatral o en el lugar social; el acceso próximo a la zona de representación y al edificio teatral. Es una parte importante del imaginario que da lugar a la representación.

Teatro Olímpico de Venecia

Como su acepción moderna, la escenografía es ciencia y método del escenario y del espacio teatral, y este término se impone cada vez más, remplazando al de «decorado», para superar el concepto de ornamentación y de envoltura que da esta última. La escenografía se concibe como ilustración ideal y está relacionada con el texto dramático, como mecanismo propicio para iluminar, para facilitar su comprensión, para recrearlo; no es ilustrar, sino la acción humana que conforma una situación de expresión, no en un lugar fijo, sino en el intercambio entre un espacio y un texto.

La escenografía utiliza el conjunto de elementos que

componen un espacio escénico, cuya función es crear un ambiente y una atmósfera adecuada para el desarrollo, en este caso, de una escena visual, fílmica o televisiva.

Diseño de la escenografía para la obra *La Chacota*, por Eduardo Arrocha.

Si buscamos su definición etimológica nos encontramos que tiene diferentes acepciones:

1. Delineación en perspectiva de un objeto, en la que se representan todas aquellas superficies que se pueden descubrir desde un punto determinado.

2. Arte de proyectar o realizar decoraciones escénicas.

3. Conjunto de decorados en la representación escénica.

4. Conjunto de circunstancias que rodean un hecho, una actuación.

Es valorada como el arte de diseñar y pintar la decoración escénica destinada a evocar el ambiente en que se desarrolla la acción dramática.

Diseño de la escenografía para la obra *El premio flaco*, de Héctor Quintero, por Eduardo Arrocha.

La función de la escenografía es crear un ambiente y una atmósfera adecuados para el desarrollo de la obra y, desde el punto de vista histórico, es una indefinida profesión de constructor de decorados para el teatro, el cine o la televisión. Además es un arte versátil, que puede expresarse mediante distintos elementos, y que sirve de base a la acción dramática. Exige la perfección absoluta como necesidad, porque está demostrado que una escenografía, ya sea en el teatro, en el cine o la televisión, mal diseñada, impresiona al espectador hasta convertirse en una obsesión. Si por el contrario, es perfecta no llama la atención del espectador o la llama, tal vez, más que la trama misma de la televisión; de ahí que se requiera de la quizás imposible o deseada «perfección escenográfica». El ideal es lograr una escenografía imparcial, neutral, que no distraiga la atención del espectador de la trama de la escena y que sea capaz de cumplir solamente su exacta misión. La escenografía puede ser asombrosa, puede modular la obra, pero nunca debe distraer al espectador. Es un elemento que contribuye a la representación, porque ella habla al espectador desde lo estético y evoca emoción.

Escenografía para el telefilme *La luna en el agua*, escena de la boda, dirección de Delso Aquino, dirección de arte Luis Lacosta.

## Función de la escenografía

"Oigamos las figuras, el son tranquilo de las formas, las casas transparentes donde las tardes breves suenan con el rumor distinto del agua en variadas copas, y su canción humilde sueñen igual que las esferas".

ELISEO DIEGO

La función de la escenografía es lograr el ambiente y la atmósfera en el espacio escénico (*set*), es decir, se ocupa de su decorado, no es una decoración; justifica la riqueza del color, la sensación de proporción, la emotividad, la racionalidad, la sensibilidad, la autenticidad, el sentido y la estética de la obra, a partir de lo que se cuenta o persigue con la escena. Muestra el valor estético de los objetos.

Puede reproducir la realidad, presentarse con apariencia documental y objetiva, siempre que se tome en consideración como escenario que evidencia la relación entre lo real y lo artificial; es el espacio soñado, la representación del tiempo real y debe obedecer a esas leyes, pues ese «espacio soñado» da la dimensión espiritual de la historia.

Raquel Revuelta e Idalia Anreus en *Lucía*, dirigido por Humberto Solás, escenografía de Pedro García Espinosa.

El éxito de una «escenografía» no estriba solo en su sensación de realidad, sino en un aumento de aspecto de las dimensiones y el espacio que recorre la cámara, la riqueza de la forma, el contraste de los materiales y la composición de los tonos, que no son directamente los de la vida real.

Una escenografía debe ser como una lámina, por ello en el breve lapso que se proyecte en la pantalla, se graba en el cerebro de los espectadores. Cuando la cámara encuadra un interior o exterior, determina una imagen precisa. El encuadre determina siempre una visión escenográfica, aunque se produzca con elementos naturales, pues cada vez que la cámara encuadra una materia cualquiera, inevitablemente determina sobre esta una precisión prospectiva y figurativa; es el establecimiento de una jerarquía de valores escenográficos artísticos y estéticos que actúan como subtexto. Así, un encuadre en exterior conducirá a una precisión espacial de perspectivas naturales; los elementos escenográficos serán las líneas y los volúmenes del paisaje: las casas, las montañas, los árboles, los ríos, las nubes. De igual manera sucede en interiores, siempre por la misma razón de la instauración prospectiva que procede del encuadre y de la angulación.

Película *Los días del agua*, dirigida por Manuel Octavio Gómez, diseño de escenografía Luis Lacosta.

El encuadre requiere siempre de la escenografía; aun en los casos en que esta no exista intencionalmente, el encuadre es el que la crea, valiéndose de los elementos lineales y volumétricos, dados por la angulación y porque forma parte del campo visual de la imagen; sucede de igual forma con el montaje, o sea, la determinación rítmica total. De ahí se deduce el elemento determinante principal del ambiente general, de donde se saca siempre ese tono de magia, de adhesión y de textura que unifica los aspectos figurativos y estéticos del audiovisual con las ramificaciones de expresión, que dependen del juego de los actores o de la contribución de las angulaciones y de las luces.

Es el ambiente lo que sostiene las razones humanas de la historia con una referencia inmediata, divergente o paralela, activa o pasiva, a la naturaleza del hombre dispuesto para la acción. Es el resultado primero y directo de la colaboración de la escenografía con la iluminación. Es importante destacar que la referencia es a un espacio, no a un escenario concretamente, ya que una representación se puede hacer en cualquier lugar, solo hay que saber conjugar los elementos (magnitudes, formas, infraestructura, vínculos) de que dispone ese espacio escénico, las necesidades y el carácter de la obra representada y la visión personal de cómo se considera apropiado crear esa escenografía para acompañar armónicamente la acción.

Boceto para la decoración de un trabajo audiovisual en estudio.

Telefilme *Mejilla con mejilla*, del director Delso Aquino, dirección de arte Luis Lacosta, diseño escenográfico Carlos Cordero.

LA VERDAD DE LO INVISIBLE

Escenografía en exterior, construida para el telefilme *Una flor en el barro*, del director Raúl Villarreal, dirección de arte Luis Lacosta.

Preparación del decorado para el telefilme *La casa del anticuario*, del director Delso Aquino, dirección de arte Luis Lacosta.

La escenografía se clasifica como realista, abstracta, sugerente y funcional cuando responden a las siguientes características:

Realista es aquella que a partir de la recreación trata de conseguir un mayor grado de verosimilitud de la obra acorde al lugar donde suceden los acontecimientos. Se utilizan paneles ligeros, aptos para moverlos fácilmente, almacenarlos y reusarlos. La decoración de estos paneles es casi siempre pintada. Un efecto especial utilizado en este tipo de montaje es una pequeña inclinación ascendente desde el borde delantero hasta la parte de atrás del escenario para que el espectador tenga una mejor vista de la escena. Algunos mobiliarios o accesorios decorativos están presentes en las escenas, pero generalmente no están muy amuebladas con el fin de dejar el espacio vacío para que los actores tengan lugar para su expresión. También existe el esquema de caja, en el cual tres paneles encierran la escena y hacen al público sentirse intruso. El diseñador, en todas las obras, controla los efectos a partir de colores y la disposición de lo colocado en el escenario.

El realismo se relaciona mucho con el naturalismo, ya que es su máxima expresión. En él, aparecen los problemas de la sociedad y la actualidad; y a veces el mensaje pueda ser agresivo y también reflexivo. El realismo trata de ser verosímil, manteniendo una escenografía bien decorada.

Escenografía para una comedia en CMQ televisión con la participación de Rosita Fornés, Armando Bianchi, Rogelio Hernández y otros.

Escenografía para el filme *Y sin embargo*, del director Rudy Mora, dirección de arte Luis Lacosta.

Por su parte, la abstracta es un montaje que no se centra en ningún lugar ni tiempo específico. Frecuentemente posee escaleras, cortinas, paneles, rampas, plataformas u otros elementos sin determinar.

Escenografía emblemática del cine, de la película *El gabinete del Dr. Caligari*, del director Robert Weine, realizada en 1919.

Tiene gran influencia en el teatro contemporáneo, sobre todo en los inicios del siglo XX. Es utilizada por aquellas obras que no se basan en ningún espacio determinado, o quieren dar una sensación de atemporalidad o universalidad.

Es la indicada para las obras de Shakespeare, por ejemplo, ya que se necesita un cambio de escenografía rápido y el marco narrativo no está bien descrito en los guiones. Se ponen unos pocos objetos significativos y hay un espacio realmente grande para que los actores se expresen libremente, como es requerido. La danza también usa este tipo de montaje, pues no se necesita nada preciso, solo algunos elementos decorativos para el ambiente.

Escenografía en estudio, realizada en la década del 50 para un programa musical de CMQ televisión, en blanco y negro, donde aparece la *vedette* Rosita Fornés.

LA VERDAD DE LO INVISIBLE

Telefilme *Misión Casting*, del director Delso Aquino, dirección de arte Luis Lacosta.

Escenografía de Eduardo Arrocha para Danza Contemporánea.

Sugerente es otro nombre dado a un tipo de escenografía, cuando la representación se ejecuta en un escenario donde se distribuye el público. Los actores entran en escena a través de un pasillo, llamado puente, señalado por tres pinos. Este tipo de montaje sugiere un lugar creado por un objeto general como un auto, un barco, un edificio. Su efecto escénico se logra eliminando elementos que no resultan imprescindibles, o al combinar elementos de un decorado realista con objetos abstractos.

Filme del ballet *Edipo Rey*, del director Antonio Fernández Reboiro, con escenografía de Luis Lacosta, e Interpretado por Alicia Alonso y Jorge Esquivel.

A diferencia de la escenografía abstracta, la sugerente alcanza una cierta relevancia en un tiempo y lugar concretos. A estos escenarios se les puede mezclar con las concepciones oníricas, fragmentarias, desnudas o surrealistas.

Funcional, por otra parte, responde directamente a las necesidades de los intérpretes. Es la menos usada en funciones dramáticas, sobre todo se utiliza en los circos. Los elementos escénicos básicos son los fijados por los artistas.

Eso quiere decir que el escenógrafo tiene las manos relativamente libres para poder hacer lo que su fantasía, imaginación

Diseño de escenografía de Luis Lacosta y Elina Valle para el programa *La diferencia*, de Cubavisión (televisión cubana).

y posibilidades le permitan con el propósito de conseguir la creación de la escenografía adecuada.

*Set* construido en estudio para una filmación.

La escenografía actúa, material y fisiológicamente, sobre los sentidos humanos mediante la fotografía y el encuadre, con el valor que la misma posee de cuerpo y sustancia de la visión. Tiene función estética de fondo o, a veces, de primer plano recurrente o aislado, como sucede en el caso del material plástico (que no es nada más que un particular elemento del material visual completo, cuyo valor resulta al ponerlo en evidencia y aislarlo del resto de la escenografía); por razones técnicas y económicas puede reproducir la realidad y presentarse con apariencia documental y objetiva.

## El espacio escénico

"Alza tu voz sobre la voz sin nombre de todos los demás, y haz que se vea junto al poeta, el hombre".

NICOLÁS GUILLÉN

El espacio escénico, definido esencialmente, es la relación e interinfluencia del diseño con su propio discurso dramático, o dicho de otro modo, es la puesta en forma de un espacio, en sincronía con las premisas estéticas y dramáticas concebidas por el director.

La concepción del espacio teatral debe plantearse de la manera más didáctica posible para poder definirla y entenderla en su dimensión artística y creadora. Así, como primer elemento, se hace dominante en el teatro, pero no se especifica espacio escénico, escenográfico o de la escenografía; porque se trata de enfocar el tema específico del espacio escénico, que puede ser creado en un ámbito no teatral o un espacio escenográfico creado en un teatro.

Estos términos se hacen difíciles de precisar cuando uno trata de entender la cultura contemporánea en términos de arte dramático y de arte del espacio teatral, porque las artes del teatro, como disciplinas artísticas, han sufrido de grandes transformaciones desde finales del siglo XX, con respecto a lo que había sido su evolución desde tiempos antiguos, y es casi imposible precisar el deslinde de las mismas.

Por ello, la escenografía requiere de inteligencia crítica, cultura, capacidad de trabajo, inspiración y gran visión plástica, donde prime la relación de la forma con las ideas, la historia, la narrativa, la atención y la originalidad de la representación.

Escena del filme *Cecilia*, del director Humberto Solás, con las actrices Daisy Granados, Antonia Valdés, Linda Mirabal y Alicia Bustamante.

La escenografía puede ser asombrosa, pero no puede desviar la atención del público, pues está al servicio del texto. Autores como Edward Gordon Craig, Oskar Schelemmer, Antonin Artaud, Bertolt Brecht, Jiri Kohe y Roger Planhon daban gran importancia a la escenografía como un subtexto, que reforzaba, ampliaba o hacía evidente el texto. Esta es una premisa importante en el trabajo del escenógrafo. La escenografía inteligente y sincera con el texto le da a la obra un enfoque profundo, repleto de texturas, históricamente informado. Directores cubanos como Tomás Gutiérrez Alea, Manuel Octavio Gómez, Octavio Cortázar, Humberto Solás, Eugenio Pedraza Ginori, y Loly Buján, entre otros, consideraban elementos de primer orden el valor de la escenografía, su diseño y el papel que la misma tenía en el logro de la obra de arte.

Un buen escenógrafo necesita imaginación, capacidad de aportar a una obra una personalidad propia, una reacción positiva del público. Si la escenografía funciona, su producción no podrá estar demasiado centrada en sí misma; si se derrochan materiales, se oprime a los actores y la obra con el diseño, o se es rígido en su expresión y realización, no hay soluciones artísticas. De lo que se trata es de la obra y de su metáfora, de su poética; esta es la que debe primar al desarrollar la creación artística escenográfica.

Fotos de la película *Soy Cuba*, del director Mijail Kalatazov: cabaret, cuarto y casa de Las Yaguas. Todas las escenografías hechas en los estudios de Cubanacán, bajo la dirección de Evgueni Svidietelev.

Hay que tomar en consideración que la escenografía no es solo diseño, lleva implícito estudiar la relación de la obra con la historia, con la sociedad, la política, la religión, las costumbres, las tradiciones, el desarrollo y nivel de la ciencia y la tecnología, es decir, la vida en toda su dimensión.

Fuerte de la película *Lucía*, del director Humberto Solás, y escenografía de Pedro García Espinosa.

## El diseño y su relación directa con la escenografía

"Bajo la lluvia, bajo el olor,
bajo todo lo que es una realidad,
un pueblo se hace y se deshace
dejando los testimonios…"

VIRGILIO PIÑERA

El diseño resulta indispensable para el desarrollo de procesos creativos y ejecutivos, ya que es prever, decidir, definir y proyectar, tanto En términos artísticos, como organizativos, tecnológicos y económicos. El concepto es de gran amplitud y responde a diversas corrientes, estilos y tendencias.

La historia, el desarrollo y el análisis del diseño para la escena resulta un campo poco explorado, teóricamente disperso y casi inexistente.

Programa musical de la televisión cubana, con la actriz Rosita Fornés, Armando Bianchi y Rogelio Hernández.

En los medios artísticos, vinculados a la escena, al espectáculo, independientemente de la forma en que se realice la acción comunicativa con los espectadores, el diseño está presente y es la expresión de la exposición plástica creativa y ejecutiva de cada contexto.

Aunque generalmente no es considerado así, al asumir la producción en el teatro, el cine o la televisión, resulta indispensable hacerlo desde la perspectiva del diseño, el cual está encaminado a la previsión y definición de los objetivos artísticos, y para ello, definirá las etapas necesarias en la producción de la obra artística, que abarca el conjunto de medios y acciones requeridas para organizar y ejecutar sus procesos de realización.

Contraplano de la sala del telefilme *Inevitable*, dirigido por Delso Aquino y con la dirección de arte de Luis Lacosta.

La concepción de producción en el arte escénico tuvo su origen en el teatro y ha perfilado en él sus quehaceres y especializaciones, hasta ocupar planos primordiales en los medios escénicos audiovisuales, donde participa, concibe y orienta globalmente los presupuestos económicos y estéticos adecuados a la historia y a los personajes de la obra, en correspondencia con la intencionalidad artística del director.

Escenografía de la obra *La Celestina*, de Eduardo Arrocha.

Diseñar cada una de estas disciplinas escénicas resulta esencial en el contexto creativo y productivo de cualquier espacio escénico, por su importancia en la determinación del marco visual en el que las actrices y actores darán vida a los personajes, al facilita la proyección de su labor y la recepción, por parte del público, del mensaje propuesto.

Escenografía de Luis Lacosta para la zarzuela *Luisa Fernanda*

*Set* para el programa *Contacto*, de la televisión cubana, diseño escenográfico de Luis Lacosta.

Programa televisivo *Contacto*, diseño de Luis Lacosta.

Montaje escenográfico en exterior

Construcción escenográfica para el Festival Internacional de Varadero, realizada por Luis Márquez.

Al proyectar el diseño, cada una de las disciplinas tendrá en cuenta los requerimientos informativos y estéticos para brindar a la obra y a sus receptores aspectos claves que refuercen, profundicen, sinteticen o aclaren lo que se dice o se expone visualmente en la escena, trasmitido con significado artístico, de manera que el mensaje pueda influir, sin hacerse confuso, en la comprensión sensorial e intelectual de sus espectadores.

Escenografía para el telefilme *Inevitable*, del director Delso Aquino, y dirección de arte de Luis Lacosta.

El diseño en las artes escénicas tendrá que manipular la realidad con fines expresivos, formas, colores y texturas que deben partir de lo real, pero trascender del realismo a la estética requerida en la escena, ordenando, resumiendo y haciendo explícito estos elementos.

*Set* escenográfico para el telefilme *Misión Casting*, del director Delso Aquino, y dirección de arte de Luis Lacosta.

Construcción escenográfica para el telefilme *Mejilla con mejilla*, del director Delso Aquino, y dirección de arte de Luis Lacosta.

LA VERDAD DE LO INVISIBLE

Escenas de la novela *Aquí estamos*, del director Rafael (Cheito) González; escenografía Israel Estrabao.

# El diseño escenográfico

*"Es un milagro que se hace todos los días sin gastarse, sin que la angustia deje de ser angustia, ni la alegría deje de ser una maravillosa, pura, estrenada alegría".*

DULCE MARÍA LOYNAZ

En su concepción, expresión y ejecución, el diseño escenográfico se nutre de otras manifestaciones culturales, de diferentes corrientes, estilos y tendencias de las artes plásticas, que integran o caracterizan las formas de los ámbitos creados y se convierten en instrumentos de la acción dramática.

Para los medios escénicos televisivos, el diseño de escenografía se expresa a partir del encuadre de la cámara al exponer ambientes exteriores o interiores, concebidos con valores expresivos y narrativos, vinculados a la historia y a la estética que el género y la proyección plástica exigen.

Escenografía de una calle de Trinidad, realizada en estudio por Luis Márquez.

# LA VERDAD DE LO INVISIBLE

Escenografía para el telefilme *La casa del anticuario*, del director Delso Aquino, dirección de arte Luis Lacosta.

El diseño escenográfico crea el marco estético de la acción, la sitúa en el espacio y en el tiempo, expresa el clima espiritual y dramático de la representación, a la cual se integra de manera orgánica y se expresa a partir de líneas, formas, colores y texturas para crear ambientes atmosféricos bidimensionales o tridimensionales, naturales o construidos, dividiendo el espacio en diversas áreas susceptibles de ser traspasadas o no por los artistas escénicos.

Diseño de telones de Luis Lacosta para la zarzuela *Luisa Fernanda*

Al proyectarse un diseño, debe realizarse, por lo menos un dibujo general y otros parciales que lo ameriten; estos bocetos o diseños los elabora el escenógrafo a su gusto, pueden realizarse en cartulina o papel, con acuarelas, aguadas, carbón, lápiz u otro material y también digitalmente, ya que cualquier procedimiento es bueno si está bien realizado.

Boceto para la escenografía de la casa de Raisa, en el telefilme *La luna en el agua*, del director Delso Aquino.

## La puesta en escena

> "Todo pasa y todo queda, pero lo nuestro es pasar y pasar, pasar haciendo caminos, caminos hacia la mar".
>
> ANTONIO MACHADO

**Puesta en escena** es un concepto utilizado por los teóricos del cine y de la televisión para hacer referencia a que todo lo que aparece en imagen está supeditado a la voluntad del director o realizador; sería como un sinónimo de **composición** aplicado al entorno audiovisual. Nació casi al mismo tiempo que el cine-ficción o el cine-arte, cuando el cine dejó de ser solo una prolongación de la fotografía y pasó a ser entendido como un medio de captar imágenes en movimiento donde se conjugan los elementos que conforman la imagen:

— Decorados o escenografía  — Vestuario y maquillaje
— Iluminación  — Interpretación

En la etapa cuando el cine daba sus primeros pasos se crearon tres tipos de discurso cinematográfico:

— El discurso de los Lumière: Su objetivo era plasmar la realidad, no obstante, manipulaba lo aparecido en imagen (lo mediatizaba), para buscar composiciones que recogieran los estilos pictóricos en boga en la época. Precisamente, esta repercusión hizo que el cine llamase la atención del público ya acostumbrado a los inventos que captaban la imagen en movimiento, como el Kinetoscopio u otros similares.

George Lumière

— El discurso de Méliès: Parte de aplicar a la puesta en escena la tradición carnavalesca y de las fiestas populares; por lo que da a sus películas un cierto aire fantasmagórico.

George Méliès

Kinetoscopio

— El discurso de Griffith: Combina la imagen cinematográfica con el discurso propio de la novela decimonónica y proporciona así el nacimiento al relato cinematográfico.

En la actualidad los discursos audiovisuales son muy diversos y responden al desarrollo de la tecnología y los presupuestos estéticos de la obra y de sus creadores.

## La escenografía: del teatro al cine y la televisión

*"Por aquel instante irrepetible en que sentimos que iniciábamos un largo camino hacia la luz".*

JULIO GARCÍA ESPINOSA

Las fuentes del teatro, hay que ubicarlas en Grecia, donde la naturaleza aportaba una riqueza de imágenes inigualables, al punto de que la palabra no se concebía como un discurso de seres como nosotros, sino de hombres-dioses o de hombreshéroes. Sus cuerpos debían lucir más altos y calzaban coturnos[1] para estar a la altura de la magnificencia del paisaje, es decir, de la imagen.

Teatro romano

1 Calzado de suela de corcho sumamente gruesa usado por los actores dramáticos de la antigüedad grecorromana para parecer más altos.

La escenografía, como arte, nació con el teatro; y con las representaciones de Esquilo, cuando se introdujo, por primera vez, el complemento de objetos, pedestales, esculturas o pinturas que sugerían el ambiente en el que se desarrollaba el drama.

Una de las partes sustanciales de manifestaciones artísticas ancestrales cultivadas por el hombre es el teatro. Sin transformar su esencia, ha ido evolucionando con el tiempo en correspondencia con los múltiples contextos socioculturales del desarrollo humano. Con sus recursos ha enriquecido otras formas de expresiones de las artes plásticas, del cine y la televisión, que experimentan acentuadas variaciones, y tienen como fundamento el ser producto de alguna novedad técnica.

El local del teatro griego constaba de dos partes esenciales: un espacio circular en cuyo centro se erigía la estatua de Dionisio –lugar en el que se ejecutaban las danzas y actuaban los coros–, y el hemiciclo con gradas para los espectadores. Con frecuencia se aprovechaba para este lugar el suave declive de alguna loma, y una tarima de una altura aproximada de 1, 50 metros constituía el proscenio en el cual trabajaban los actores. Detrás del proscenio se desarrollaba la escena propiamente dicha, que poseía tres puertas.

A ambos lados se colocaban las decoraciones que, de acuerdo con la trama de la obra, representaban casas, árboles o calles. Esta es la primera manifestación real de la escenografía, que podía estar constituida por objetos o pinturas.

Posteriormente se introdujo una modificación al proscenio griego: la de los bastidores de base triangular, cuyo eje descansaba sobre un pivote y hacía posible tres cambios de decorado; mucho ingenio e imaginación requerirían estos decorados para el público. Ellos fueron los precursores de los bastidores de hoy.

De Grecia el teatro pasó a Roma. Las primeras obras romanas eran imitaciones de las griegas. El teatro romano adquirió personalidad y, con el apoyo del Estado, como en Grecia, llegó a interesar a las grandes masas. Prueba de ello son las abundantísimas ruinas de estas construcciones, todas con enorme capacidad para el público.

Sin que ocurrieran modificaciones sustanciales a estos presupuestos, el teatro llegó a la Edad Media. Probablemente para cortar el atrevimiento y el cinismo de las representaciones escénicas, la Iglesia introdujo el drama litúrgico, que fue, en sus comienzos, una ingenua escenificación de pasajes del Nuevo Testamento, como el Nacimiento, la Pasión de Jesucristo, la Adoración de los Pastores, la Degollación de los Inocentes, entre otros. Se representaban primitivamente en la misma iglesia, se introducían escenas simples que provocaban la hilaridad del público creyente. La falta de espacio en el templo y el celo religioso obligaron a trasladar las representaciones al exterior, y ahí se origina el escenario, antecesor del que ha llegado hasta nuestros días.

Teatro romano de Trieste

El teatro Marot Tuilleries

Teatro romano

Otro escenario, precursor del moderno giratorio, sería la carreta-escena. Sus cuatro lados, pintados con temas distintos, eran colocados frente al público de acuerdo con la acción del drama, pero todo ello resultaba demasiado costoso. En Inglaterra resolvieron el problema con un gran sentido económico. No había cambio de decorados: un fondo invariable de cortinas y un cartel en el que se explicaba el lugar de la acción constituían lo que, contra nuestra voluntad, debemos llamar escenografía.

Fueron las fastuosas cortes de los príncipes del Renacimiento quienes fomentaron el desarrollo de las construcciones teatrales tan próximas a las que contamos en la actualidad.

Donato Bramante (1444-1514), escenógrafo italiano, fue definido como el descubridor de los teatros de perspectiva, nuevo arte que merece ser explicados, así como su creación. Bramante consideró que el escenario, a pesar de sus dimensiones reducidas, debía contener edificios, calles, plazas, bosques y campiñas. El nuevo arte resolvía el problema al hacer que las líneas convergieran todas en un punto situado en el centro del escenario, y creaban una ilusión óptica que podía aprovecharse. Los edificios colocados en diversos planos, y cada uno de ellos de tamaño más reducido que el precedente daban una exacta tercera dimensión al escenario. Por supuesto, no todo eran ventajas en el nuevo método, pues un actor que marchara hacia el fondo de la escena delataba la trampa, ya que su figura no se reducía de tamaño en la misma proporción que la escenografía. El nuevo sistema no llegaba por igual a todos los espectadores. El punto de vista ideal lo poseía quien estaba colocado al centro de la platea. Los restantes espectadores, con un punto de vista distinto, tenían una visión del decorado completamente distorsionada.

En la segunda mitad del siglo XVI surgió la ópera, la cual trajo aparejada la necesidad de nuevos horizontes en la escenografía. La profusión de temas, que no distinguían fronteras, y las exigencias de la acción, crearon una nueva escuela escenográfica.

Escena de la ópera *La Traviata*

El decorado se sustituyó por el movible, que subsiste hasta hoy. Como por una paradoja se regresó al sistema de los prismas de corte triangular del teatro griego. En lo más antiguo se hallaba la renovación. Esta vez se introducía una novedad, mientras "jugaban" unas caras del prisma, podían hacerse silenciosamente modificaciones totales en las otras, no visibles para el espectador, aumentando infinitamente las posibilidades de cambios de decorados.

Ya en las postrimerías del siglo XVII se hizo famoso en Europa el escenógrafo Giacomo Torelli (1608-1678), por la velocidad con que efectuaba sus transformaciones escénicas. Se destaca, en la misma época, el escenógrafo alemán Joseph Furttenbach (1591-1667), quien, si bien fue influenciado por las directrices italianas, es la primera figura de la escenografía germana. Contemporáneo de Furttenbach, e indudablemente de gran proyección internacional, fue el italiano

Fernando GalliBibiena, hijo y padre de escenógrafos, el precursor de la escuela moderna, cuyas realizaciones llevan un inconfundible sello. A Galli-Bibiena se le reconoce como el introductor de la perspectiva oblicua, que constituyó una innovación enorme. Pensemos que la escenografía, inmediatamente anterior a él, fue la inventada por Bramante, con las modificaciones de las cuales Torelli era maestro, y estableceremos, con facilidad, la trascendencia de su aporte. El escenario, con las mismas dimensiones reducidas, daba cabida a salas inmensas, a importantes palacios (no olvidemos las exigencias del género operístico), cuya espectacularidad maravilla aún en los bocetos que se conservan.

Desde el siglo XVII hasta nuestros días, los avances de la escenografía han sido, en realidad, poquísimos. Los últimos grandes maestros pertenecen a siglos pasados. Algunos inventos del pasado reciente (el techo plano en lugar de bambalinas, creado por los escenógrafos franceses, por ejemplo) no han modificado en nada la esencia del arte de la escenografía.

Maqueta de La Scala de Milán

Es quizás una introducción valiosa el descubrimiento del escenario giratorio: en una plataforma circular, partida en tres o cuatro partes iguales, donde se instalan otros tantos decorados, cuya abertura frontal coincide con la del escenario y oscureciendo el foro o bajando el telón se procede a dar al disco un tercio o un cuarto de vuelta y, con ello, se logra un cambio de decorado instantáneo. La decoración, que ya no vuelve a usarse, es sustituida por otra durante la representación del nuevo cuadro y la continuidad es perfecta a pesar de los muchos cambios en la escena.

Las nuevas directrices del teatro exigen hoy de muchos conocimientos, puesto que la calidad en la escenografía la da el profundo conocimiento del arte, de la arquitectura, de los estilos, de la perspectiva, del colorido. Los mismos valores de ayer son los de hoy y solo cabe serles fieles.

Elementos que eran primordiales en el teatro son auxiliares en los medios audiovisuales y el fenómeno se repite a la inversa. La cohesión entre ambos, su mismo denominador, hacen que no podamos tratarlos por separado. Es un hecho evidente que muchos escenógrafos de cine y de televisión lo han sido antes de teatro. Y si su arte se expresa ahora sirviéndose de otros elementos, se basa en una armazón que son los conocimientos adquiridos en esa otra manifestación de arte.

Boceto escenográfico para la zarzuela *Luisa Fernanda*

## Una nueva etapa: la escenografía en el cine

"Hacía cien años el hombre conoció un nuevo oficio...
Había llegado para instalarse
en la experiencia del hombre,
estaba llamado a tocarle hasta la forma de soñar".

REYNALDO GONZÁLEZ

La escenografía televisiva procede del cine. El gran creador de la primera forma cinematográfica fue el francés George Méliès, quien había sido pintor, prestidigitador y caricaturista.

LA VERDAD DE LO INVISIBLE

El cine hizo de la escenografía una especialidad necesaria. Desde el filme de Georges Méliès (1861-1938) *Viaje a la Luna* (1902), obra maestra de trucaje fotográfico y de innovación técnica, donde se construyó una de las primeras escenografías como la plataforma de desembarco del cohete e introdujo una gran riqueza metafórica y poética. Méliès con su cine mágico realizó y descubrió muchos efectos fotográficos: la doble exposición, la disolvencia, los *fade in* y *fadeout*, para reflejar cambios de una escena a otra. Iniciador de la ciencia-ficción en el cine, su película *Viaje a la Luna*, basada en el relato de Julio Verne, es de una extraordinaria imaginación.

Imagen emblemática del cine: *Viaje a la Luna*, del director George Méliès.

Escenografía de *Viaje a la Luna*

Realizó una serie de películas que reflejaron un mundo de maravilla y fantasía. Asimismo fue el creador de un estudio con techos de cristal para aprovechar la luz natural.

Las producciones cinematográficas en los Estados Unidos de Norteamérica y en Europa salían ya de los estudios, en busca de decorados naturales, con notables connotaciones europeas en los edificios; se utilizaban especialmente los estilos neogóticos para que aportasen un realismo mayor en los escenarios, por la inevitable obsolescencia de los decorados teatrales.

Se construyeron grandes y fastuosas escenografías, como las de los filmes *Intolerancia*, de David Wark Griffith (1875-1948) y *Cabiria* (1914), realizados por Giovanni Pastrone.

La escenografía cinematográfica se desvinculó definitivamente del teatro con la película *Cabiria* (1914), de Giovanni Pastrone. Rodada en Turín con decorados grandiosos, marcó un hito, no solo en la historia de la escenografía, sino también en la historia del cine, desafiando al resto de las cinematografías mundiales.

*Cabiria,* del director Giovani Pastrone

Decorados de la película *Intolerancia*, del director David Wark Griffith.

Hollywood respondió dos años después al reto italiano con *Intolerancia* (*Intolerance*, 1916), de David Wark Griffith, una obra maestra, incomprendida por el público de entonces y, como consecuencia, gran fracaso económico. Para este filme se proyectó y se realizó el decorado más colosal que se haya construido hasta esa fecha: la ciudad de Babilonia, como una réplica auténtica de las construcciones originales, con destino a uno de sus tres relatos: *The Fall of Babylon*[2].

En una interesante monografía sobre Griffith, el mexicano Gabriel Ramírez describe este prodigio edificado en los estudios *Fine Arts* de Hollywood:

> Las macizas puertas de bronce de Ingmar Baal eran tan pesadas que se necesitaban 24 hombres para manejarlas por medio de palancas. En el interior había unos muros de 70 metros de alto y un corredor de 1600 metros de largo, que era más que suficiente para que Baltasar corriera su carroza. A los lados, elefantes de alabastro, agazapados en columnas de 50 metros con la caja del cuerpo hacia el cielo. Abajo, leones rubios flanqueaban ambas áreas a mitad de un salón y un arco gigantesco unía las paredes dirigiendo los vastos corredores. Allá a lo lejos, el infinito salón real. En este fantástico escenario de 13 kilómetros cuadrados, Griffith filmaría la más grande escena de todos los tiempos en el cine: 15 mil personas en la bacanal del banquete para celebrar la victoria de Baltasar sobre el invasor Ciro. ¡El costo sería de 250 mil dólares![3]

Como dato curioso se afirma que no fue el propio Griffith, como él mismo había asegurado siempre, el creador de tan fastuoso decorado (tan alto como una casa de seis pisos), sino un decorador de teatro llamado R. Ellis Wales que se encargó del diseño, y el carpintero Frank Wortman, quien dirigió su construcción. Sea cual fuere la verdadera historia, *Intolerancia* queda hoy como el gran ejemplo de sublimidad escenográfica.

---

2 Gabriel Ramírez: *El cine de Griffith*, Ediciones ERA, S.A., México, D.F., 1972, p. 49
3 Idem.

# La escenografía en la televisión

> "La televisión es el fin del culto del arte o, lo que es lo mismo, del arte-culto".
>
> JULIO GARCÍA ESPINOSA

La televisión tomó del cine el modo de realizar y llevar a hechos la realización de escenografías televisivas. En la televisión, el ambiente se logra con escenarios construidos, que no llevan más pintura que la meramente decorativa. En algunos casos, la escenografía de televisión, a diferencia de la del teatro, utiliza de diversas maneras el propio medio como recurso escenográfico, cuando se sirve tanto de su tecnología como de su lenguaje para construir de forma imaginaria decorados inexistentes, situarlos en lugares imposibles o darles proporciones grandiosas. La forma de hacerlo varía según los proyectos y las maneras de afrontarlos.

Programa musical con Rosita Fornés y Antonio Palacios, principios de la década del 60.

LA VERDAD DE LO INVISIBLE

En la televisión, la escenografía es utilizada no solo para crear los escenarios o atmósferas donde se desarrolla la acción, sino también como medio de expresión, por su capacidad de información y síntesis. La escenografía televisiva tiene como objetivo determinar un ambiente estrechamente ligado al personaje y dotarlo de un significado humano muy singular respecto al tipo que representa.

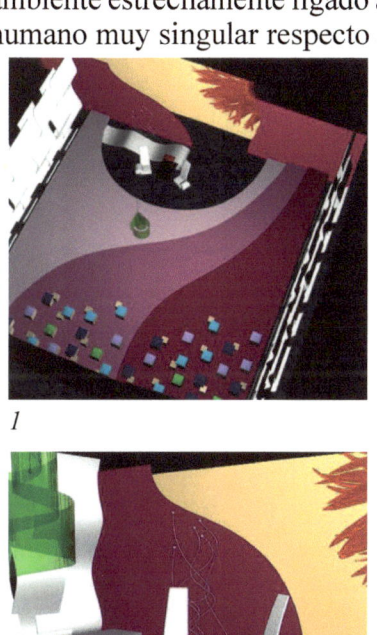
1

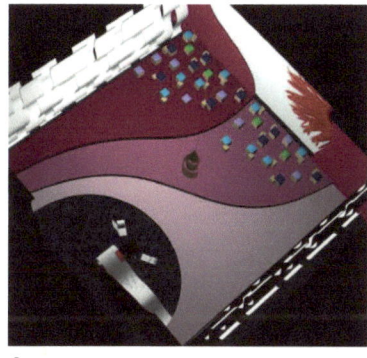
2

3

4

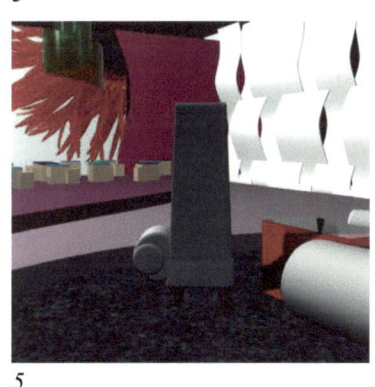
5

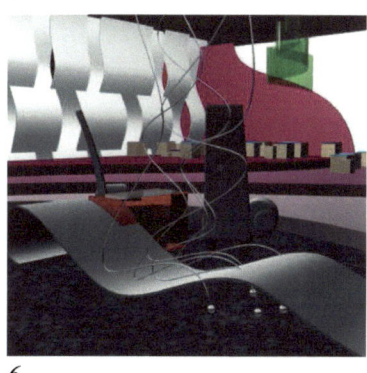
6

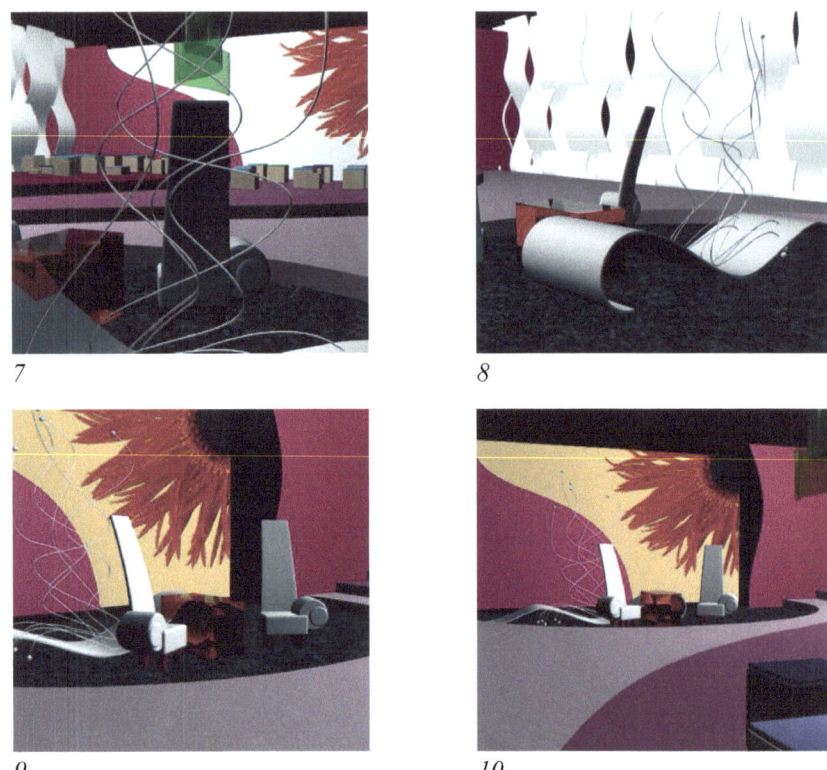

Secuencia del diseño de construcción de la escenografía de Elina Valle Galindo

      No existen problemas arquitectónicos, porque se utiliza arbitrariamente la arquitectura, y con sus elementos reales entra a formar parte de la realidad natural, a través de una versión dada por el decorador que sintetiza, amplía o transforma esos elementos arquitectónicos, unas veces resaltando sus valores y otras disimulándolos, pero haciéndolos constar con menos encono, de acuerdo con la tónica a desarrollar.

      La escenografía de los inicios de la televisión se caracterizaba por la tendencia de construir *sets* paralelos, con tres lados de un cuadrado construido. La vista de un *set* actual, por ejemplo, desconcertaría al profano, porque el escenario está formado por varios ángulos, desligados entre sí y lo discontinuo del *set* se hace imperceptible a la cámara.

Escenografía para el programa infantil *El Circo en televisión*

En sus comienzos, la televisión era en blanco y negro, y todo lo que se realizaba delante de cámara era en tonos de blanco, gris y negro. Algo muy curioso era que nunca se podía utilizar el blanco puro, pues era perjudicial para el orticón (pieza de la cámara), que no permitía esa brillantez. Como curiosidad se debe saber que el blanco se daba con color amarillo, que se denominaba color 1; desde este número en adelante se trabajaba con blanco y negro, conformando tonos de gris, hasta llegar al negro puro, o sea que existían tonos desde el 2 hasta el 10. Era muy normal ver a un médico en un programa con una bata sanitaria de color amarillo y alguna prenda de vestir azul clara para dar gris. Esos eran los requerimientos de la televisión de la época.

Hay que señalar que en los primeros tiempos de la televisión los programas eran en vivo (no existía la grabación) y se tenían que montar varios *sets* dentro del estudio (a veces hasta tres); por lo general, en los programas cortos o de treinta minutos no se usaban los planos generales, porque había poco espacio en el estudio y además los paneles o **backing** estaban montados en listones de madera o patecas con ruedas de goma, para facilitar sus movimientos sin hacer el menor ruido; y en lo que la cámara filmaba en el *set* que estaba en el aire, se iba preparando el que seguía.

Programa musical con la Orquesta Aragón en la década del cincuenta

Escenografía para el telefilme *El eclipse*, del director Delso Aquino, dirección de arte Luis Lacosta.

Era un trabajo que necesitaba de mucho cuidado y rigor, pues había que correr sin hacer el menor ruido, para montar el *set* completo con paredes, puertas, ventanas, mobiliarios y decoración. Muchos muebles estaban montados en bases con ruedas de goma y también el personal de escenografía trabaja con zapatillas de goma para que los movimientos no fueran escuchados por los micrófonos que estaban abiertos mientras duraba el programa.

Desde el principio de la creación de la televisión se establecieron programas de divulgación cultural, espacios dedicados al teatro dramático y musical. En los musicales fue muy usual el dedicado a las zarzuelas, operetas y otras manifestaciones. Para realizarlos era muy frecuente el uso de forillos o telones de fondo, que se diseñaban de acuerdo con la obra y a la época; eso motivaba que con algunos objetos decorativos delante de esa obra plástica se daba la idea de dónde estábamos y qué se pretendía. Esa idea venía del teatro; en la actualidad, en escenografías modernas, se mezclan telones con construcciones escenográficas, obteniendo un gran resultado estético.

Escenografía para el telefilme *Mejilla con mejilla*, del director Delso Aquino, dirección de arte Luis Lacosta.

En la escenografía televisiva existen verdades esenciales, indiscutibles; por ejemplo un *set* regular, con muros idénticos, pero con cuadros o muebles distintos, es antitelevisivo. En la cámara parecerá como un solo muro.

La televisión exige escenarios movidos, con quebrantes, con ángulos peculiares para la cámara y es terriblemente implacable cuando se violan estos principios, pues la cámara de televisión es delatora de todos los defectos, y generosa con las buenas realizaciones. Hay que darle lo que pida o más de lo que pida; ya que no se hacen *sets* para los escenógrafos, sino para el director, para el fotógrafo, para el iluminador, para los actores y ellos trabajan para el público, es decir, la escenografía sirve a esa sucesión de intereses. Un escenógrafo podría proyectar un *set* que en lo íntimo le pareciera genial, pero que el fotógrafo lo juzgaría simplemente imposible de iluminar.

Escenografías para el telefilme *Mejilla con mejilla*, del director Delso Aquino.

LA VERDAD DE LO INVISIBLE

Una ojeada a la historia de la televisión desde el punto de vista de las aplicaciones escenográficas, revela que la evolución de los valores ambientales no se realizó a saltos, a em pujones, sino que fue el resultado de una lenta y constante maduración de los problemas expresivos y de las necesidades más apremiantes. En general, el descubrimiento de cada nueva posibilidad de lenguaje implicó el correspondiente planteamiento de un problema escenográfico, de cuya solución dependía el mayor o menor aprovechamiento de lo buscado; los mejores períodos de creación coincidieron con épocas cuando en el campo escenográfico actuaron individualidades muy fuertes o se afirmaron escuelas orgánicas y fundamentadas por criterios estéticos descubiertos y aprovechados colectivamente.

*Sets* del telefilme *Mejilla con mejilla*, del director Delso Aquino, con la dirección de arte de Luis Lacosta, escenografía Carlos Cordero.

Podemos afirmar que la escenografía de televisión es muy similar a la del cine, por ello muchos escenógrafos de cine han trabajado y realizado grandes escenografías para la pantalla chica. Los principios son los mismos, se usan paneles, plataformas y otros, pero al trabajar para un espacio más reducido como son los estudios y un espectador diferente, es decir, el televidente, quien no podrá admirar todos los detalles de las ambientaciones y construcciones trabajadas o creadas por el escenógrafo, se exige de éste la función de determinar un ambiente estrechamente ligado al personaje y dotarlo de un significado humano muy singular respecto a la representación; así como crear el ambiente en el que se desarrolla la escena.

Hoy también, al igual que el cine, la televisión está recurriendo a locaciones en el exterior, que son aprobadas por el director, donde no hay que construir nada y solamente llevan ambientación; en otros casos, se construyen o adaptan paneles de acuerdo a las necesidades de la trama o guion. Cine y televisión se han convertido en mundos de interinfluencias donde los límites y las particularidades quedan a expensas del talento y la creatividad de los artistas. Al respecto Julio García Espinosa señala:

> Hay que reconocer, en primer lugar, que hoy la televisión influye hasta en el cine. Cuando el cine surgió, fue influido inmediatamente por sus parientes más directos: el teatro y la novela. Poco después, el cine acabó influyendo en ellos. Algo parecido ocurrió con la televisión. Al principio, esta fue influenciada por el cine, pero no pasó mucho tiempo sin que el cine sintiera la influencia de la televisión. Esto lo provoca el hecho de que hoy casi todas las innovaciones técnicas, y tecnológicas vienen de la televisión. El uso que la televisión hace del tiempo ha determinado la utilización casi sistemática del plano-secuencia en el cine. La televisión ha resumido, además, todo el proceso de producción, distribución y exhibición. Ella es todo eso a la vez.[4]

---

4 García Espinosa, Julio: *Un largo camino hacia la luz.* Fondo Editorial Casa de las Américas, La Habana, 2000.

## La escenografía en otros medios

> "El nacimiento del cine cubano está marcado por una necesidad histórica de realización de la identidad cubana, la necesidad del cubano no ya de verse a sí mismo, sino de ser él mismo".
>
> ALFREDO GUEVARA

### La escenografía en el cine cubano pre-revolucionario[5]

El día 15 de enero de 1897 llegó a La Habana, procedente de Ciudad de México, el representante de la Casa *Lumière*, Gabriel Veyre, quien instaló el "Cinematógrafo Lumière" en nuestra capital, en la calle Prado 126, en los alrededores del Teatro Tacón, hoy García Lorca.

Gabriel Veyre

---

5 Colaboración de Luciano Castillo.

El domingo 24 de enero del propio año, por la tarde, el "Cinematógrafo Lumière" abrió sus puertas al público por primera vez, dando así comienzo a un nuevo espectáculo del cine silente en La Habana de intramuros. Los precios eran de cincuenta centavos los mayores, y veinte los niños y la tropa.

El público aplaudió delirantemente tres de las vistas proyectadas. Entre los cortos exhibidos, en ese programa, estaban los siguientes: *Partida de cartas, El tren, El regador* y *el muchacho, El sombrero cómico* y otros.

Por eso a Gabriel Veyre se le conoce como el introductor en Cuba del "Cinematógrafo Lumière".

Linterna mágica

Durante el período del cine silente, el afamado pintor Armando Maribona intervino como escenógrafo en la cinta *La careta social* (1917), de Enrique Díaz Quesada, el llamado "Padre de la Cinematografía Nacional". Luego colaboró con otro pionero, Ramón Peón, en su primer filme: *Realidad* (1920).

Escena del filme *El parque de Palatino*, del director Enrique Díaz de Quesada (Cuba, 1906).

Ernesto Caparrós (1907-1992), también pionero de nuestro cine, fue autor del diseño escenográfico del filme *El veneno de un beso* (1929), dirigido por Peón para la compañía *B.P.P. Pictures*. Al año siguiente colaborarían juntos en *La Virgen de la Caridad*, en el que a Caparrós se debe la fidedigna reproducción en estudios del bohío donde transcurren algunas de las escenas cruciales de este melodrama escrito por Enrique Agüero Hidalgo. Con posterioridad, este diseñador nacido en Camajuaní concibe los decorados de *Maracas y bongó* (1932), de Max Tosquella, el corto musical inaugural del cine sonoro en Cuba. Cinco años más tarde, Caparrós, además de la realización, asume diversas funciones en *La serpiente roja* (1937), el primer largometraje sonoro filmado en la isla, entre estas la de diseñador de los decorados del castillo inglés donde se desarrolla gran parte de la trama urdida por Félix B. Caignet. Un año después, la

C.H.I.C. (*Compañía Habana Industrial Cinematográfica*) contrata los servicios del experimentado Ernesto Caparrós para diseñar la escenografía de *Ahora seremos felices* (1938), realizada por los norteamericanos William Nolte y Fred Bain.

Armando Miqueli Pérez (1916-1968) es un nombre a tener muy en cuenta entre los escenógrafos de este período, y es acreditado por primera vez en la pantalla en el filme *Sucedió en La Habana* (1938), dirigido por Ramón Peón. Es preciso señalar que para las restantes producciones de la compañía Películas Cubanas, S.A. (PECUSA), sus directivos prefirieron contratar al diseñador estadounidense Paul R. Harmer, quien trabaja junto a su asistente Miqueli en *El romance del palmar* (1938), de Ramón Peón, así como en *Mi tía de América* (1939), *Estampas habaneras*, *La última melodía* y *Cancionero cubano*, todos rodados en la isla por el cineasta catalán Jaime Salvador, en 1939. A Armando Miqueli, quien trabajó mucho en colaboración con su hermano Roberto, debemos, además, la mayor escenografía construida en estudios en Cuba antes de 1959, la del tenebroso castillo de la comedia *Fantasmas del Caribe* (1943), realizada por Ernesto Caparrós. Otros títulos en su filmografía son: *Romance musical* (1942), de Caparrós; *La que se murió de amor* o *La niña de Guatemala* (1943), de Jean Angelo; *Sed de amor* (1945), de Francois Betancourt; *Embrujo antillano* (1945), de Geza P. Polaty; *Hotel de muchachas* y *Príncipe de contrabando*, dirigidos en 1950 por el español Manuel de la Pedrosa, y *Nudismo en el trópico* o *Bajo el cielo habanero* (1952), de José Fernández Hernández.

En 1947 irrumpe en el panorámico fílmico nacional el reputado diseñador Luis Márquez Escribá (1911-1991), con vasta experiencia escénica, al ser llamado para integrar el equipo de realización de *Oye esta canción* (1947), dirigida por Raúl Medina. Comparte Márquez el crédito con el joven pero no menos diestro Roberto Miqueli, quien trabaja en 1954 a las órdenes del gallego Juan Orol en *Sandra (La mujer de fuego)*, y en *La mesera del café del puerto*, así como en *El farol en la ventana* (1955), tres de las numerosas coproducciones mexicanocubanas rodadas en locaciones de la isla por estos años. Para muchas de estas el equipo de producción procedente de México traía consigo un escenógrafo ya contratado, como es el caso del célebre catalán Manuel Fontanals para *La rosa blanca* o *Momentos en la vida de José Martí* (1954), de Emilio Fernández, o Edward Fitzgerald para *Mulata* (1953), de Gilberto Martínez Solares.

El más joven de los Miqueli trabajó también en *Ángeles de la calle* (1953), de Agustín P. Delgado; *Más fuerte que el amor* (1953), del argentino Tulio Demicheli; *Golpe de suerte* (1954), del español Manuel Altolaguirre; *Tres bárbaros en un jeep* (1955) y *¡Olé...Cuba!* (1957), de Manuel de la Pedrosa; *Tropicana* y *No me olvides nunca*, rodadas en 1956 por el mexicano Juan Jesús Ortega, y *La vuelta a Cuba en 80 minutos* (1958), realizada por Manuel Samaniego Conde, por solo citar algunos de su nutrida filmografía.

Otros diseñadores escenográficos del cine cubano en el período 1937-1958 son: Jean Angelo (*Siboney*), Nacho Alemany y Adolfo Quintero (*Prófugos*), Salvador Cancio (*Vida y aventuras de Manuel García* o *El Rey de los campos de Cuba*), Nono Noriega (*Yo soy el héroe*), Jaime Gallardo (*Cecilia Valdés, Paraíso encontrado*), Cándido Álvarez Moreno (*Hitler soy yo, Siete muertes a plazo fijo, Rincón criollo, Una gitana en La Habana, Qué suerte tiene el cubano, Cuando las mujeres mandan*), Juan Álvarez Moreno (*Escuela de modelos*), Jorge Harrison (*Música, mujeres y piratas*), Manuel P. Del valle (*Cuba canta y baila*), Jesús María Balmaseda (*La renegada, Honor y gloria* o *La vida de Roberto Ortiz, La única, Misión al norte de Seúl* o *Cuando la tarde muere*), Oscar Hernández (*Casta de roble, Yo soy el hombre*), Eloy Bauzá (*Soy un bicho, La vida comienza ahora*) y Héctor Rodríguez (*Mares de pasión*).

Con el triunfo de la Revolución y la creación del Instituto Cubano del Arte e Industria Cinematográficos (ICAIC) se comenzaron a realizar escenografías con más calidad y excelentes construcciones, contando con prestigiosos escenógrafos como Roberto Miqueli, Pedro García Espinosa, entre otros.

A partir de este momento se crean en los Estudios fílmicos de Cubanacán los departamentos de diseño y construcciones escenográficas, donde se realizaron grandes proyectos de escenografía como los de los filmes *El otro Cristóbal* (1963), de Armand Gatti; *Soy Cuba* (1964), de Mijail Kalatozov; *Un día en el solar* (1965), de Eduardo Manet; *Una pelea cubana contra los demonios* (1971), de Tomás Gutiérrez Alea; *Patakín (Quiere decir fábula)*, realizada en 1982 por Manuel Octavio Gómez.

**Un nuevo paso: la televisión**

La televisión hereda del cine cubano ya una tradición en el quehacer escenográfico, por ello se concibe como una dicotomía continuidad-rompimiento, que caracterizará a la escenografía en la televisión cubana.

Escenografía del programa de la televisión *Casino de la alegría*

Muchos fueron los programas al principio de la televisión en Cuba en los que se utilizaron construcciones en las escenografías, y que tenían una importante expresión dramática dentro del proyecto, como por ejemplo, *Historia de tres hermanas*, *Cabaret Regalías*, *Jueves de Partagás*, *Casino de la Alegría*, *El circo en televisión*, entre otros.

Estos primeros proyectos hechos con construcciones escenográficas para la televisión se realizaron en interiores y algunos en exteriores, y fueron confeccionados con diversos materiales, como cartones y maderas. Entre los escenógrafos más destacados de esa época recordamos a Jesús María Balmaceda, Luis Márquez, Luis Vega, Alberto Pauste, Julio Bazora, Rafael del Valle y Jorge Almagro, por mencionar solo algunos.

Al triunfo de la Revolución y con la creación del Instituto Cubano de Radiodifusión, la televisión y el departamento de escenografía llegaron a tener diseñadores que le daban solución plástica a todos los proyectos a realizar. En la actualidad se cuenta con un departamento más técnico y artístico, capaz de diseñar con las nuevas tecnologías, integrado por diseñadores de gran experiencia y jóvenes graduados del Instituto Superior de Arte en la Especialidad de Diseño Escénico, que abarca escenografía, vestuario y luces.

Al principio de la televisión se crearon varios departamentos que serían muy importantes para el desarrollo de esta, como es el caso de los departamentos de escenografía, vestuario, maquillaje y peluquería. El departamento de escenografía, que es el que nos ocupa ahora, contaba y cuenta en la actualidad con una carpintería con carpinteros, ebanistas, montadores y pintores; una vez aprobados los proyectos, el jefe de montaje se dará a la tarea de analizar el personal que debe tener para realizar la escenografía.

Filme *Un día en el solar*, de Eduardo Manet, con Sonia Calero y Asseneh Rodríguez

Programa de televisión, escenografía en estudio.

## Situación actual de la escenografía

La escenografía ha sido, como todas las artes, un reflejo del tiempo. A medida que evoluciona la tecnología televisiva, lo hace también la escenografía, desarrollándose tanto técnica como artísticamente por sí misma, hasta crear definiciones propias.

Escena del filme *Patakín*, del director Manuel Octavio Gómez; escenografía Luis Lacosta; coreografía en la entrada de la casa de Changó Váldes (Miguel Benavides).

Con el tiempo se ha ido transformando, y su fin último no es solo el de proyectar, construir, dirigir la construcción y el montaje, y proponer con un criterio artístico los escenarios idóneos para el proyecto, sino también decorarlos con todo tipo de recursos técnicos para facilitar su grabación o filmación.

La acepción contemporánea de escenografía ha variado hasta considerarla como el conjunto de elementos que intervienen en la creación de la imagen plástica de la escena y donde cada componente de la misma posee su propia expresión dramática.

Hoy el truco o efecto especial televisivo tiene un importante papel. No vamos ahora a hacer ninguna revelación sensacional, pero sí diremos que los trucos televisivos incumben al escenógrafo y de ellos hablaremos; por ejemplo, el espectador habrá visto en un programa, en un momento dado, que se ha roto o derribado una puerta, esta preparación la hace el escenógrafo, por lo que debe destacarlo en los planos y estar presente en todos los pasos a seguir en la construcción, pues el acto consiste en romper y armar cuidadosamente los fragmentos para debilitar esa puerta y de ese modo cuando ocurra la acción en la filmación será mucho más fácil para el personaje hacer ver que él rompe esa puerta; también los efectos de cristales rotos en una ventana u otros muchos ejemplos.

En la actualidad hay efectos especiales donde se utilizará el llamado recortador, que no es más que un telón de color azul o verde usado del mismo modo que la pantalla del *back proyection*. Este debe estar muy iluminado y se pondrán delante a una distancia determinada a los personajes, automóviles; luego en los laboratorios se insertarán las imágenes deseadas.

Tres imágenes del recortador

Su evolución ha llegado a los efectos digitales producidos por medios informáticos: fuego, lluvia, nieve, niebla, viento, terremoto, inundaciones, aludes y otros, pero también se siguen realizando mediante los procedimientos tradicionales, sin lugar a dudas la base fundamental de la televisión y del cine –espectáculo para el que realmente han sido creados los efectos especiales, como uno de sus principales atractivos.

A los futuros escenógrafos del teatro, del cine y de la televisión le hemos trasmitido conocimientos, que la experiencia brinda después de estar algún tiempo entregados a la especialidad. Constituye todo lo anterior el bagaje indispensable para dedicarse a una actividad subyugadora como pocas, eminentemente artística. Nunca pudo escribirse un manual que, después de leído, capacitará íntegramente al lector para ejercer aquello que le fue enseñado. Este será el punto de partida, no la meta.

Este cuadro del teatro, del cine y la televisión es como una ventana abierta a una inmensidad de conocimientos que jamás llegarán a ser suficientes. Los grandes maestros de la escenografía fueron también profundos conocedores del arte.

LA VERDAD DE LO INVISIBLE

## Los maestros fundadores

"¡Cuánto es plácida y tierna la memoria
De los que amamos, cuando ya la muerte
A nuestro amor los arrancó!…"

JOSÉ MARÍA HEREDIA

La escenografía tiene una larga historia en nuestro país, donde nombres muy destacados han nutrido ese camino, con personalidades cardinales. Entre esos fundadores están: Luis Márquez, Alberto Pauste, Manuel Roig, Juan Suárez, José Jáuregui, Pedro Julio Campanería, Rafael del Valle, Julio Vega, Daniel Torres y otros, que venían del teatro y del cine antes de la inauguración de la televisión, y contribuyeron al desarrollo actual de la calidad audiovisual de la escenografía.

Entre esos hombres imprescindibles, que con su obra fundacional abrió el camino, está **Luis Márquez Escribá**, maestro de generaciones de escenógrafos, quien dejó su impronta en el teatro, en el cine y en la televisión, figura obligatoria en la historia de la escenografía cubana.

*Set* del ballet de la televisión, 1955, escenografía Luis Márquez.

El maestro Luis Márquez Escribá

Nació en La Habana, el 21 de septiembre de 1911. Su padre fue el escenógrafo cubano Luis Márquez Crespo. En la década del veinte del pasado siglo viajó con su familia a Barcelona, donde realiza estudios de escenografía y pintura. En 1939, tras haber vivido la experiencia de ser recluidos como republicanos en un campo de concentración en Francia, regresó a Cuba.

Ya en la década del cuarenta realiza escenografías para las puestas de teatro dramático de ADAD, Patronato del Teatro, Teatro Talía, la ópera y el ballet de la Sociedad Pro Arte Musical, el Ballet Alicia Alonso y el Ballet de Cuba, y para espectáculos de compañías en el Teatro Martí. En 1950, cuando se funda la televisión, pasó a ser el escenógrafo emblemático de CMQ hasta 1961, en que comienza a laborar en el Consejo Nacional de Cultura.

Escenografía de Luis Márquez para la zarzuela *La revoltosa*

Antes de inaugurarse la Televisora CMQ, en el año 1950, sus propietarios lo enviaron a la NBC de los Estados Unidos para que estudiara y viera la técnica que se instalaría en la naciente emisora. En CMQ trabajó como escenógrafo en los mejores y más importantes programas de la televisión: *Gran Hotel General Electric*, *El Cabaret Regalías*, *Jueves de Partagas*, *Conflictos humanos*, *Historia de tres hermanas*, entre otros. Realizó uno de esos proyectos fabulosos en la televisión, al diseñar y ejecutar una gran pista de patinaje.

LA VERDAD DE LO INVISIBLE

Luis Márquez en una reunión de trabajo con su equipo

Realizó escenografías para el cine cubano, antes y después de la Revolución. Entre ellas se encuentran:

*Como tú ninguna* (1946) Drama / 35 mm. / Plana / B/N / 97min. Dir. Roberto Ratti / Esc. Luis Márquez, Armando Miqueli.

*Oye esta canción* (1947) Melodrama / 35 mm / Plana / B/N / 79 min. Dir. Raúl Medina, Esc. Luis Márquez.

*Un día en el solar* (1965) Musical / 35 mm / C / 86 min. / Dir. Eduardo Manet, Esc. Luis Márquez.

*La muerte de un burócrata* (1966) Humor negro / 35 mm / B/N/ 85 min. Dir. Tomás Gutiérrez Alea, Esc. Luis Márquez

*Mina, viento de libertad* (1976) Histórico / 35 mm / C / 124 min. Dir. Antonio Eceiza / As.Dir. Manuel Muñoz, Esc. José Rodríguez Granada, Luis Márquez.

*El señor Presidente* (1983) Drama / 35 mm / C / 100 min. Dir. Manuel Octavio Gómez, Esc. Luis Lacosta, Luis Márquez.

Alterna su labor como escenógrafo con trabajos de construcción, restauración y adecuación de la tecnología escénica de los principales teatros del país: el Teatro Nacional de Cuba, el de la CTC, la Sala Tespis, el Teatro Sauto, el teatro La Caridad de Santa Clara, el Principal de Camagüey, la Casa de Cultura de Velasco, el teatro Carlos Marx y el teatro Heredia de Santiago de Cuba, que fue su último trabajo. En 1981 concibió y realizó la nueva estructura teatral del Anfiteatro, así como la escenografía del Festival Internacional de la Canción Popular de Varadero.

Fue profesor de escenografía en la Escuela Municipal de Artes Dramáticas (1947), en el Departamento de Extensión Universitaria de la Universidad de La Habana y en la Escuela Nacional de Arte. Falleció en La Habana, el 9 de marzo de 1991.

Así recuerda Luis Lacosta a Luis Márquez

¿Cuándo y dónde conoció a Luis Márquez?

Fue en la década de los cincuenta cuando conocí a Luís Márquez, al entrar a la televisión y pasar a ser su aprendiz.

#### ¿Qué trabajos realizaron juntos?

Como auxiliar, asistente y ayudante casi personal, trabajé en casi todos los programas que realizaba como escenógrafo y jefe del departamento de escenografía de CMQ TV. Puedo recordar entre aquellos programas *Conflictos humanos*, *Una luz en el camino*, *Cascabeles Candado*, *Historia de tres hermanas*, novelas, cuentos y otros programas.

#### ¿Qué opinión le merece el trabajo de Márquez?

Un trabajo extraordinario, que hoy todavía se recuerda con admiración, respeto, y que todos los diseñadores debemos imitar. Constituye un paradigma para todos los diseñadores.

#### ¿Cómo valora a Luis Márquez?

Márquez era como una "dama", por su delicadeza al mandarnos a realizar cualquier tarea, del modo que nos exigía, que nos enseñaba. Lo vi trabajar durante muchos años y puedo asegurar que toda la generación de diseñadores a la cual pertenezco, le debe a él nuestra total preparación, de la cual estamos orgullosos. Recuerdo, como si fuera hoy, cómo nos enseñaba a preparar las pinturas de tonos de grises, que tenían números, pues en ese entonces la televisión era en blanco y negro.

#### ¿Cuál era su relación con Luis Márquez?

Puedo decir, que aunque ya con años de experiencia, cuando yo emprendía algún proyecto, se lo enseñaba, pues tener su opinión y aprobación era para mí una gran garantía, tarea que realicé hasta sus últimos momentos de vida. Tuve la suerte de trabajar con él como observador o asistente en el filme *El solar* y como co-escenógrafo en el filme *El señor Presidente*; también en cada obra de teatro que realicé, tuve su ayuda y orientación, por lo cual le estaré eternamente agradecido.

Otro de esos nombres imprescindibles es **Alberto Pauste** (Marcelino Alberto Pauste Ruiz).

Nació el 2 de enero de 1935 en La Habana. Estudió en la Escuela Técnica e Industrial, en la Escuela de Bellas Artes San Alejandro y en la Escuela Nacional de Diseño, donde se graduó y ejerció a partir de ese momento como diseñador, ambientador y escenógrafo, bajo la tutoría de Luis Márquez.

## Luis Lacosta Alverich

Alberto Pauste, uno de los más importantes escenógrafos del país.

Su labor fue muy destacada en el teatro, el cine y la televisión, y en lo relacionado con el diseño y la pintura escenográfica en Cuba. La obra escenográfica de Pauste, por más de cuarenta años, se caracterizó por la creatividad, la búsqueda de soluciones a los diferentes retos que se le presentaban. Para él no había situaciones imposibles a las que no le diera solución, creador de imágenes bellísimas para aventuras, novelas y todo el extenso mundo en que se desarrollaba. En su desempeño cuenta con un gran número de seriados dramatizados como telenovelas, aventuras para niños y jóvenes, musicales, informativos, educacionales, obras de teatro y cine. También realizó decoraciones de interiores en hoteles.

Comenzó a trabajar en la televisión en el año 1956, como ayudante de escenografía, destacándose desde entonces como uno de los más importantes escenógrafos del país. Trabajar con Pauste era muy fácil, pues era un hombre de buen carácter, gran amigo. En los años en que trabajamos juntos –e incluso cuando no coincidíamos– siempre estábamos atentos el uno al trabajo del otro; nos pedíamos constantemente criterios de los proyectos que realizábamos, y su rigurosidad, exigencia y pulcritud en la realización de las escenografías le granjearon el respeto y la admiración de sus compañeros de trabajo.

Entre sus más importantes trabajos podemos mencionar *Álbum de Cuba, Juntos a las nueve* y *Saludos amigos*, programas musicales que se trasmitían en horarios estelares y contaban con una gran aceptación, donde se destacaba la elegancia de las escenografías. *Casos y cosas de casa, Detrás de la fachada* y *San Nicolás del Peladero*, programas de corte humorístico que tenían una gran audiencia, demuestran cómo su creatividad no permitía repetición, pero demostraba sencillez y coherencia con el guion y el propósito de los directores.

Escenografía de *Pasión y prejuicio*, de Alberto Pauste.

Las aventuras *El león de Damasco, Los mambises* y *Los comandos del silencio* fueron momentos de atracción y despliegue de ingenio y audacia, que todavía hoy se recuerdan como ejemplos de creatividad. Las telenovelas *El rojo y el negro, Pasión y prejuicio, La otra cara de la moneda*, son épocas a recordar en la historia de la televisión cubana; podría señalarse un antes y un después de algunas de estas obras por su significación en la memoria de los televidentes, que las toman como patrones de referencia. Los cuentos y teleteatros *Un tranvía llamado deseo, Contigo pan y cebolla, Hamlet, La casa de Bernarda Alba, Réquiem por Yarini, Santa Camila, Casa de muñecas*, entre otros, nos dan a un escenógrafo con mayúscula, que supo hacer de la televisión un arte.

Fue galardonado con varios premios **Caracol**, distinción otorgada por la UNEAC y diplomas de reconocimiento por su extensa labor. Al fallecer ostentaba el **Premio por la obra de toda la vida**, otorgado por el ICRT.

## El escenógrafo o diseñador escenográfico

"...el enemigo de la revolución y la cultura es la ignorancia..."

ALFREDO GUEVARA

Siempre nos preguntamos qué es lo primero que debe saber un aspirante a escenógrafo; sin lugar a dudas, la historia de la escenografía, pues ello le abre el camino en su creación y horizontes para un trabajo de mayor vuelo artístico. Esta especialidad exige todo tipo de estudios: arquitectura, pintura, escultura, estética, perspectiva y geometría. Lo que exigiríamos a los futuros escenógrafos no sería nada más que esto: que se dedicarán a la especialidad con todo el amor, sin superficialidades; ¡esto constituirá la garantía de su triunfo!

Tradicionalmente se ha considerado que el escenógrafo es la persona responsable del diseño de los decorados y del aspecto global del proyecto. Por esa razón debe sentir que comparte la responsabilidad como autor en las diferentes escenas en la que los miembros de realización del proyecto confluyen en las coordenadas estéticas e ideológicas que orientan la puesta en escena.

El escenógrafo, sin perder de vista su verdadero objetivo –que es propiciar el clima dramático adecuado en cada decorado y en el conjunto del proyecto–, utiliza los conocimientos de escenografía en general, de pintura, de arquitectura, de historia del arte y del cine, de decoración, de diseño, de dibujo artístico y técnico, y, especialmente, de televisión, en toda la proyección, y sobre todo, en el lenguaje, para lograr una escenografía de calidad.

Escenografía de *La casa del anticuario*, del director
Delso Aquino, y dirección de arte Luis Lacosta.

*Una flor en el barro*, del director Raúl Villarreal y
dirección de arte Luis Lacosta.

Unos meses o semanas antes de iniciar la producción de un proyecto televisivo, el escenógrafo comienza su trabajo; son las llamadas semanas de preparación, que podrán ser desde una semana, dos y hasta meses, de acuerdo con la envergadura del trabajo a realizar, ya que en ese tiempo se diseñarán, se construirán los decorados y se ambientarán. Es necesario documentarse lo más ampliamente posible referente a la época y los estilos, y hacer un verdadero acopio de datos que serán de gran importancia. Así, con una vasta información y documentación, no incurrirá en errores que son tan frecuentes en algunas realizaciones, y que al exhibirse el proyecto toman un relieve desmesurado.

Una vez en posesión de los datos necesarios, el escenógrafo comenzará a proyectar lo que deseará realizar después con su equipo de construcción y ambientación.

Cabe suponer que el escenógrafo de televisión cuenta al iniciar sus trabajos con una determinada idea y con todos los elementos necesarios para el conocimiento de la trama, por lo que es imprescindible trabajar con anticipación, y tener claro para quién trabaja: el público.

Maquetas de *El perro del hortelano*, del director Roberto Blanco, realizadas por Luis Lacosta.

Debe tener un plan de trabajo que comience por la lectura del guion, la visita a locaciones; después de estos primeros pasos deberá confeccionar un guion técnico, el cual leerá y estudiará cuidadosamente. Es muy frecuente que el guion conste de una lista de los *sets* y la indicación de las escenas, para poder comenzar a trabajar en los diseños. Estas indicaciones señalarán el principio de cada escena, si la acción es de día o de noche, y su ubicación, interior o exterior; establecer si son decorados realizados dentro del estudio o interiores dentro de locaciones naturales, como viviendas, naves u otros lugares y también si son escenarios al aire libre o en exteriores.

El escenógrafo también puede realizar maquetas, como los proyectos que en determinados momentos podrán ser de gran utilidad, pues tendrán un valor incalculable para el fotógrafo y el director, puesto que permiten estudiar "sobre el terreno" los movimientos de cámara y establecer los desplazamientos. En las maquetas se determinará todo lo que se va a ver, los planos y las áreas que tendrán menos importancia. Ya sea con maquetas, proyectos dibujados o proyectos digitalizados, el paso siguiente será la confección de los planos para la construcción de los *sets*, que podrán elaborarse en escalas más cómodas para que los constructores puedan ejecutar el trabajo, y si fuera necesario, se realizarán planos a tamaño natural con los detalles; esto se hace para determinados cortes de molduras y cabezas de vigas, y así lograr la perfección del trabajo.

Otros ángulos de las maquetas de *El perro del hortelano*

Cuando el escenógrafo dibuja puertas, ventanas y pretiles es útil que tenga en cuenta la estatura humana, y realizar un estudio de los materiales a utilizar en la confección de los decorados o escenografías. En aquellos momentos en que no se encuentran los materiales idóneos, junto con los constructores, debe investigar qué otro material se podría utilizar para que las terminaciones tengan la misma calidad. Una vez terminada la construcción, hay que preocuparse por sus resultados, pues la cámara es implacable con los defectos que puedan surgir; hay que velar por la pintura y las texturas, o sea, todo debe ser lo más realista posible.

El director de arte Luis Lacosta en plena filmación

Existe un aspecto de gran importancia dentro de la escenografía televisiva, para el cual no pueden establecerse normas: aquel que se refiere a la veracidad de los complementos falsos. La televisión exige cosas absurdas; piénsese que algunas veces es preciso reproducir cosas tan inimitables como árboles, rocas, jardines, bosques, y hay quien posee gran fantasía creadora para estos casos y obtiene resultados insospechables.

Ya una vez transcurridos varios días de grabación o filmación, el escenógrafo debe ver los materiales realizados, pues es ahí donde se estará valorando el resultado del trabajo, y se podrán visualizar los logros, lo que no ha salido bien y en esos momentos tratar de repetir la escena que se ha visto y que pueda tener defectos.

También en la actualidad, con el desarrollo de la tecnología se va observando en el instante todo lo captado por la cámara cuando se está rodando la escena, y ello facilita la corrección de errores y de las imprecisiones de forma inmediata.

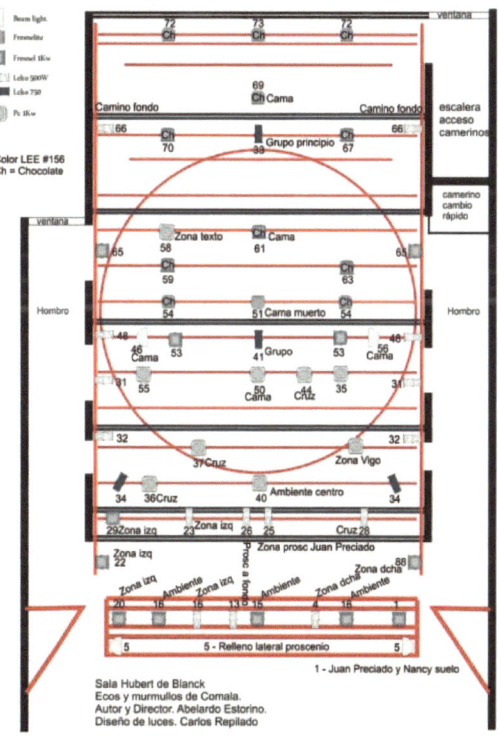

Plano de planta para el diseño de luces realizado por Carlos Repilado

El mérito de un escenógrafo de televisión viene dado por su flexibilidad, aunque esta cualidad artística no debe olvidar una competencia técnica que debe dominar los elementos específicos de la creación televisiva, o sea, saber disponer de partes móviles, fáciles de cambiar, en función de los movimientos de cámara y del desplazamiento de los intérpretes; conocer todos los efectos especiales que ahorrarían en la cons trucción de un decorado, y tener en cuenta la calidad sonora que se desea obtener.

El escenógrafo comienza a proyectar, pero debe partir de un principio televisivo o cinematográfico.

En posesión de los datos considerados necesarios, el escenógrafo comienza a proyectar, pero debe partir de un principio televisivo o cinematográfico, está diseñado para un medio audiovisual, donde todo es distinto al teatro.

El proceso más importante es conocer su papel: qué le inspira, cómo trabajar y qué significa su oficio. Es de vital importancia revisar escenografías previas, otras producciones ya realizadas directamente sobre estos temas, o conocer sobre otras que puedan ser de ayuda o interés por las soluciones brindadas, y sobre todo, que ello parta de investigaciones sobre las temáticas que va a trabajar. Debe ilustrarse además con bocetos, planos, entrevistas, fotografías, materiales de referencia; pensar que detrás de cada escenografía hay un trabajo de investigación. Producir la metamorfosis de la creación exige inteligencia sensorial, investigación y estudio.

## Proceso de trabajo de un diseñador escenográfico

"La belleza misma viene a ser así, un subproducto; o mejor un efecto; efecto determinado, en el que recibe la obra, por aquella plena o acertada comunicación de la experiencia pura. Esta comunicación se realiza mediante la forma o el lenguaje".

ALFONSO REYES

El trabajo de un diseñador escenográfico, comúnmente denominado escenógrafo, comprende diferentes actividades que no debe considerarse una más importante que la otra, y que a continuación se relacionan con el propósito de explicar su desarrollo e importancia:

1. Lectura del guion. Primer trabajo de mesa
2. Visita a locaciones
3. Trabajo de investigación
4. Primeros bocetos y conceptos generales
5. Proyectos: diseños, maquetas, estudio del color, texturas y pinturas
6. Planos de construcciones
7. Colaboración en la elaboración de los presupuestos
8. Ambientación y decoración
9. Filmación

Escenario natural, línea del tren y línea del tren con apeadero construido.

## 1. Lectura del guion. Primer trabajo de mesa

Como bien se expresa, el primer contacto que tiene un diseñador escenográfico o escenógrafo con un proyecto, es cuando el director le entrega el guion literario; es ahí donde conoce la trama, la época en la que se desarrolla y las posibles construcciones escenográficas, que junto a la ambientación, debe realizar para satisfacer las expectativas de la obra.

Construcción de un *set* de escenografía

Sus diseños van a surgir del texto, que es su punto de partida; la palabra, el pensamiento, la poesía y la estética. Por lo tanto, si el guion parte de una novela, de una época histórica, debe buscar el referente primario, y en este sentido su relación con el texto debe llevarlo a disfrutar –en primer lugar–, trabajar, entender, interpretar lo que se lee y lo que se dice: leer el texto como un primer y necesario acercamiento. Solo así podrá diseñar lo comprendido, pues es necesario leer entre líneas para lograr una mejor versión. Es importante que realice dibujos de su interpretación, que le favorecerán dominar lo concebido y estará en mejores condiciones para emprender el trabajo de creación.

Bocetos de escenografías para una habitación

Después de que el escenógrafo ha leído el guion literario y, de alguna forma tiene la idea de sobre qué trata el proyecto y de haber visto las locaciones, emprende, junto con el director y el director de fotografía, el guion técnico, el cual plasmará en los planos, secuencias de la trama, y de ser posible, la mayoría de los encuadres y utilización de la técnica del montaje para la cámara.

## 2. Locaciones

Cuando un proyecto tiene escenas exteriores fuera del recinto de los estudios, el lugar se denomina en términos televisivos o cinematográficos "locación" (del inglés *location*). De ahí que haya que tener en cuenta los días de locaciones que tiene una determinada obra audiovisual.

El escenógrafo debe asesorar al director sobre la conveniencia de una u otra locación; puesto que está en mejores condiciones de saber si el ambiente es el adecuado para la escena que se pretende grabar o filmar.

Frecuentemente un paisaje natural, una carretera o una playa sirven a las necesidades del proyecto, pero falta completarlos con una casa, un pueblo u otros elementos. La mezcla de elementos naturales con los artificiales da grandes provechos. El escenógrafo tiene que aprovechar esta coyuntura de imprimir a los *sets* el máximo realismo. Esta modalidad de *set* exterior en nada difiere del interior, salvo en que hay que atender a las eventualidades propias de la intemperie.

Otros ángulos de escenografías para una habitación

## 3. Trabajo de investigación

Sea cual sea la época en la que se desarrolla el proyecto, el escenógrafo debe investigar de acuerdo a lo que se requiere, lo cual debe hacer, ya sea con libros, entrevistas, o simplemente, en algunos casos, viendo filmes u otros materiales existentes que puedan ayudarlo en algunos momentos.

Maqueta de *El solar*, director Eduardo Manet, escenografía Luis Márquez.

Cuando un guion refleja siglos pasados, el escenógrafo debe consultar tantos libros como sea necesario para ver las construcciones, vestuarios, ambientaciones y visitar museos, y hasta las costumbres que puedan ser útiles al realizar el trabajo escenográfico. También puede darse el caso de que el proyecto sea de fantasía o musical, y es ahí donde la imaginación y el buen gusto del escenógrafo deben jugar su papel hasta culminarlo exitosamente.

4. Primeros bocetos

Después de haber visitado las locaciones, haberlas fotografiado y ser aprobadas por el director, el escenógrafo comienza la tarea de elaborar los bocetos o diseños.

En el caso de escenarios naturales, si son exteriores, el escenógrafo debe tener en cuenta dónde deben estar situados; por ejemplo, si se trata de un paisaje determinado y hay que realizar la construcción de viviendas o de pueblos, es necesario saber qué tipo de construcción, qué materiales, colores y demás se podrán utilizar.

Imagen del filme *Cuando la verdad despierta*, del director Angelo Rizzo. Director de arte Luis Lacosta, fotografía Jorge Valiente.

Si los bocetos son para un *set* en el estudio o *plató*, el escenógrafo tiene que tener mucho cuidado a la hora de diseñarlos para poder elegir los materiales a usar, que tengan credibilidad con el contexto que se quiere dar, de forma que concuerden con el exterior.

# LA VERDAD DE LO INVISIBLE

Imagen del telefilme *La casa del anticuario*, director Delso Aquino, director de arte Luis Lacosta.

El escenógrafo, a la hora de construir y ambientar los *sets* en interiores, debe ser organizado, de forma que todos respondan al proyecto audiovisual en general.

5. Proyectos: diseños, maquetas, estudio de color, texturas y pinturas

Una vez terminados los bocetos y aprobados por el director del filme, el escenógrafo elaborará los diseños, los cuales deberán tener un excelente acabado y donde se deben plasmar los detalles de decorados con pinturas, texturas a elegir para que el director del filme tenga una idea exacta de cómo quedarán las construcciones y ambientaciones una vez terminadas, y que estén listas para utilizar en la grabación o filmación. En estos diseños, el escenógrafo, conjuntamente con el diseñador de vestuario y el ambientador, debe efectuar un estudio de color, texturas y pinturas, en el que, además, debe participar el director de fotografía.

En algunos casos, el escenógrafo construirá maquetas realizadas a una escala en la que se puedan apreciar las construcciones, ambientaciones, pinturas y texturas, con el objetivo de que puedan ser estudiadas por el director y el director de fotografía para las angulaciones de cámara y puesta en escena de los actores.

6. Planos de construcción

   El escenógrafo, después de la aprobación de los diseños, comienza a elaborar los planos de construcción, los cuales deben estar muy bien realizados, pues en ellos se precisará todo lo que se realizará por los carpinteros, pintores, *attrezzistas* y todo el personal que deberá intervenir en este proyecto.

7. Participación en la elaboración de los presupuestos de las construcciones

   Debe participar en la elaboración de los presupuestos junto al jefe de construcciones para, en algunos casos, sugerir los materiales a usar, tiempos de entrega de la obra, personal que debe trabajar, y estar al tanto de los cambios que se tuvieran que hacer por la falta de determinados materiales.

8. Ambientación y decoración

   Una vez terminada la construcción, la cual incluye la pintura y todo lo que estaba en los planos, el escenógrafo procede, conjuntamente con el ambientador, asistentes y utileros, a decorar el *set* con el mobiliario, adornos, cortinas y lo que requiera la escenografía, según el diseño y la época. Al concluir esta labor, se deberá llamar al Director y Director de fotografía del audiovisual para su última aprobación, y tener tiempo para hacer cualquier reajuste que sea necesario con el propósito de un mayor resultado estético.

9. Grabación o filmación

   El escenógrafo debe permanecer el mayor tiempo posible junto al director del proyecto; en momentos determinados puede sugerir algún encuadre de cámara, donde a través de su óptica habrá una mejor angulación y, de este modo, ayudar a una mejor utilización de los decorados.

   Cuando, de forma paralela, se estén construyendo varios *sets* para el proyecto y el escenógrafo deba dejar la grabación o filmación para trasladarse al lugar donde se construye o decora, tiene que dejar a un asistente que pueda, junto con el utilero del *set*, realizar cualquier cambio que sea necesario efectuar, siempre que se mantenga la idea del diseño.

Es muy importante el trabajo en equipo con el director, el diseñador de iluminación y el diseñador de vestuario. Con el director debe haber una relación estable, de empatía y lenguaje común. Es desastroso insistir en un concepto si el realizador no lo respalda totalmente; el escenógrafo debe pensar como el director, pero no obligar al director a pensar como el escenógrafo, pues es el director quien conduce la totalidad del espectáculo. El escenógrafo debe saber que el éxito de un decorado o escenografía no estriba solo en la sensación de realidad que nos dé, sino en un aumento del aspecto tridimensional de las dimensiones y del espacio que recorre la cámara.

La riqueza de la forma, el contraste de los materiales y la composición de los tonos no responden al pie de la letra a la vida real. Una escenografía debe ser como un aguafuerte, de modo tal que en el breve lapso que este decorado o ficción se proyecte en la pantalla, sea bien recibido por los espectadores.

En la televisión la cámara es una fiel narradora y el proyecto es una imagen de dos dimensiones, pero construir objetos de dos dimensiones en un decorado sería fatal. Las aceptamos en el subconsciente físico del teatro y estamos convencidos de que tales limitaciones no existen en la televisión; esta diferencia es fundamental y forma parte de los argumentos de quienes sostienen que la televisión, el cine y el teatro pueden progresar sin ayudarse mutuamente.

Cámara de cine y video utilizada en filmaciones para el cine y la televisión

Este factor diferencial se establece porque, aunque la televisión exige realidad, lo que la cámara recoge no es de manera alguna lo que el ojo ve cuando se enfrenta con un objeto real. Al observar minuciosamente un decorado en el estudio, puede verse que el mármol del suelo es papel pintado o vinilo, este último material adhesivo; que el techo no existe, para dejar espacio libre a las baterías de iluminación y que si este techo sale en la pantalla es trucado en maqueta o por otro procedimiento. La cámara se encarga, con su iluminación y su emplazamiento, de darnos estos elementos transformados con visión de realidad y debidamente ordenados para que el techo cubra el espacio descubierto.

Es por tanto, del dato escenográfico, de su condición de adecuación y equilibrio recíprocos con los demás factores componentes y determinantes, de lo que depende, sobre todo, aunque no de manera muy evidente, la "artisticidad" del proyecto. Es precisamente en este campo donde resulta fácil que el desequilibrio –o las deficiencias– conduzcan a esa discordancia entre intención creadora y realidad efectiva, que puede, más que ninguna otra cosa, determinar la inconsistencia de una obra televisiva.

Al examinar la cuestión desde un punto de vista aún más general, se ve, a todas luces, que es el ambiente el que justifica siempre la acción y la narración; los personajes, que son seres humanos de tres dimensiones, requieren para poder actuar, de un espacio volumétrico perfectamente adecuado a su personalidad y al sentido de su historia; puesto que el ambiente es el primer soporte de la narración, la primera afirmación, no solo material y práctica, sino también interna y ética, que, por medio de las relaciones elementales exteriores que unen el mundo humano y psíquico al tangible y físico en toda su complejidad, constituye el primer punto de referencia estética del proyecto.

# LOS RECURSOS ARTÍSTICOS
y la escenografía

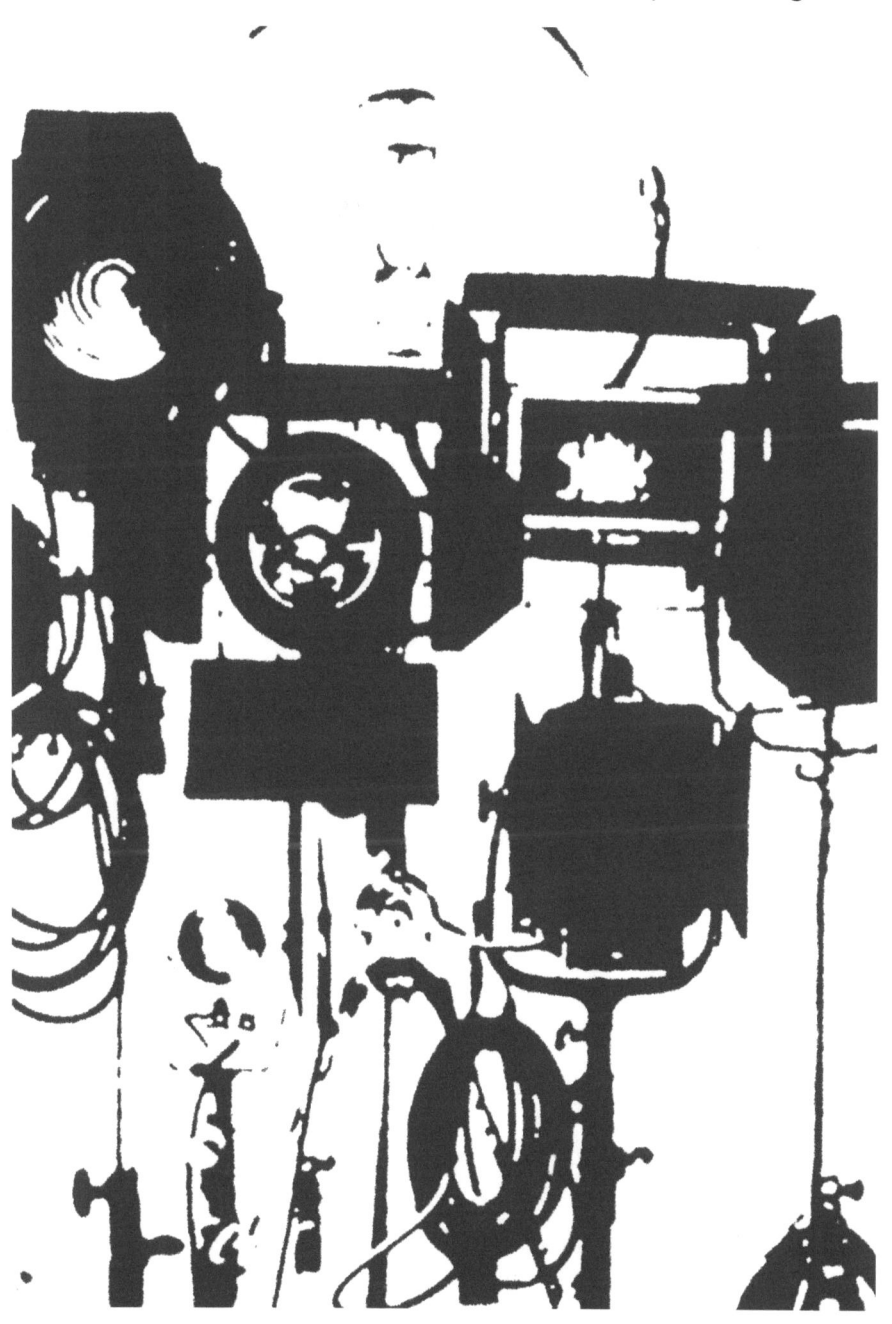

## Las relaciones entre la escenografía y otras manifestaciones artísticas

> "Sé que ves en el mundo cosas pequeñas
> y que por algo grande siempre suspiras,
> mas no hay nada tan bello como lo que
> sueñas…"
>
> JULIÁN DEL CASAL

El carácter tipo de la escenografía tiene su origen en el momento selectivo en que el artista intuye la materia que tiene que expresar, y primero en él, y luego en la realización formal y constructiva, llegará al arte. Se traduce en la primera y fundamental preponderancia del impulso físico central, del carácter áureo del escenógrafo, en el sentido visual. Por tanto, el creador del proyecto tendrá que advertir desde el primer instante, concreto y acabado, en sí mismo, el molde dentro del cual materializará el proyecto de su propia inspiración.

Raquel Revuelta y Enrique Almirante en *El dulce pájaro de la juventud*.

Las diversas formas expresivas tienen en el ámbito de la teoría general del arte puntos de contacto y de íntima fusión entre las variadas obras sometidas a examen, a través de posibles ejemplos, de aproximaciones inmediatas o comunes en el uso y originalidad del lenguaje expresivo.

Dos poetas, en literatura, pueden experimentar, a partir de la misma visión, inspiraciones muy distintas, y uno de ellos puede ver los mismos aspectos de una determinada realidad de una manera diferente del otro y expresarlos con el medio puesto a su disposición, es decir, con las palabras.

En las obras audiovisuales el director define, en principio, por el clima poético y unitario y luego, a su arbitrio y según su concepto y estética, los personajes y acciones en estrecha relación con el fondo, que ellos mismos presuponen que existe en la poesía televisiva; puesto que cada materia tomada se traduce en caracterización escenográfica, solo de esta precisión puede derivar la necesaria transfiguración que conduce al arte, aquí queda confirmado, en razón de su naturaleza peculiar, el rango de preeminencia que la escenografía posee respecto a los factores determinantes, en la escala jerárquica instituida por nosotros. No es debido a una consideración temporal, sino más bien a una causa intrínseca, consustancial, que la escenografía goza de esas posibilidades atributivas, por cuanto no ya teóricamente, sino también y, de manera especial en la práctica, no puede existir un proyecto audivisual sin escenografía.

Indudablemente, las relaciones entre la escenografía televisiva y el arte de la arquitectura parecen en verdad estrechísimas, sustanciales y, tanto en su estructura íntima como en su forma explicativa, más ajustadas que las relaciones entre la escenografía por un lado y la pintura, la música y la escultura por otro.

Al existir una coincidencia absoluta del elemento espacio en arquitectura y en escenografía, cuyo fundamento radica en la unidad del módulo vivo, del factor humano referido a ambas formas: tanto en la arquitectura como en la escenografía televisiva el ser humano debe obrar físicamente con su presencia y no admite, por tanto, límites teóricos (el espacio es siempre infinito) en sus posibilidades de acción.

La escenografía y la música pueden exteriorizar, ante todo, los mismos sentimientos o contribuir a revelar sensaciones alusivas de igual grado y de idéntico tono. La música puede ser juguetona, brillante, ágil; y la escenografía, luminosa, libre, variada, figurativamente bromista, alegre. La música puede hacerse lenta, triste, dolorosa y la escenografía puede seguirla paralelamente haciéndose tétrica, oscura, precisa. En general, el orden en la disposición de estas relaciones se presenta invertido: es la música la que contribuye a crear el verdadero ambiente de la escenografía, así como para el adecuado orden jerárquico existente entre las dos formas; siendo determinante para la escenografía el componente de la música.

Relaciones posibles entre la escenografía y la pintura afectan lógicamente a las cualidades secundarias y accesorias del arte figurativo más que a las principales y características, puesto que también en este caso estamos frente a una forma completa y bien distante de aquellas que son específicas expresiones de la escenografía, que, como ya sabemos, no pueden nunca ser autónomas. En este sentido, subsiste una cierta analogía entre las relaciones que atan la escenografía con la pintura y las que unen la escenografía con la arquitectura. Tendrán relaciones objetivas en cuanto la escenografía se acerque a una obra pictórica como a una fuente de material iconográfico e indicador, las relaciones de los productos audiovisuales con la pintura atañen en mayor escala a la iluminación y a la dirección, o sea, al camarógrafo y al director como responsables directos del encuadre y de la reproducción fotográfica que se precisa para valorar la significación de un cuadro.

Una verdadera televisión es la realidad elaborada por la fantasía: lo real sumado a la personalidad predominante de todos los colaboradores del proyecto y que es función de la sensibilidad de todos ellos (en el aspecto que preocupa, la del decorador). En esta real autenticidad, lo que el decorador o arquitecto ha de diseñar y luego construir debe ser de tal forma que, una vez reproducido materialmente y fotografiado, pueda tornarse en obra de arte, proceso similar al de la pintura, aunque requiera mayor cantidad de fases. Como el pintor ante el paisaje que se le va a proyectar con exactitud en la retina, e inconscientemente manifestado en su espíritu, fija en la tela con aquellas deformaciones o análisis de color y penetración que hacen de su cuadro una obra de arte, así el escenógrafo debe transformar lo real en una visión propia tan personal como la del pintor.

El espectador ve el cuadro y ve la escena de la pantalla y no distingue cuál es la diferencia entre la realidad o la irrealidad, pero siente que la imagen ficticia es más potente, se le queda más grabada que la real y por eso le impresiona más.

## El diseño de vestuario: su papel y particularidades

"¡Qué hechizo el de aquellas alas cosidas por mi madre que podían hacerme creer que yo era un ángel auténtico en la ronda de niñas que llevaban sus ramos a la Virgen...!".

DULCE MARÍA LOYNAZ

Un momento importante que contribuye a elaborar la magia del audiovisual es el diseño del vestuario, que da la realidad desde los cánones de la representación, traduce los códigos de una época, decodifica los símbolos y muestra la realidad a partir del reemplazo que el artista presenta de una época histórica, de un momento o de un personaje. Porque es necesario considerar que, aunque el diseño es de época, no son cuadros de época, sino diseños especiales para uso de los actores, y aquí radica la creatividad del diseñador, dónde está la imitación exacta y dónde el diseño.

El vestuario es uno de los elementos esenciales de la escenografía, su diseño parte de momentos fundamentales como son: la estructura misma de la obra a representar, es decir de la historia, como primer elemento esencial, de ahí los personajes, quiénes son, qué papel desempeñan, cuál es la función primordial que les corresponde, y en correspondencia con ello la psicología de cada uno, su presencia en pantalla, las intervenciones y el patrón que significan en cada puesta en escena.

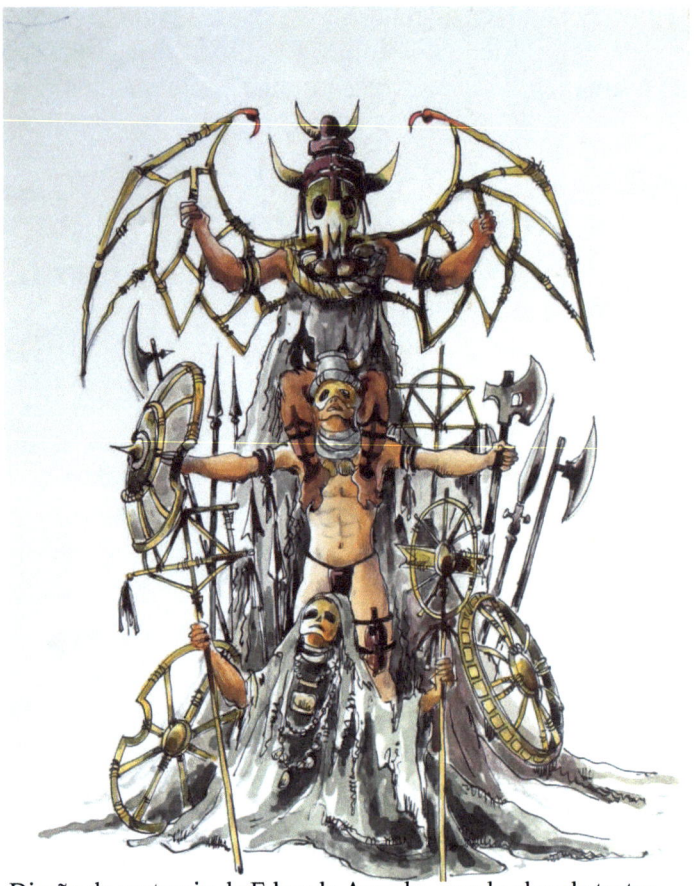
Diseño de vestuario de Eduardo Arrocha para la obra de teatro
*Los siete contra Tebas*

Diseñar el vestuario como cuestión de elemento imprescindible en la ejecución de cualquier obra audiovisual, es el condicionamiento visual de la situación que se quiere expresar, es parte importante de los códigos que el director trasmite para la mejor comprensión del mensaje artístico o no artístico, visual en general. Pues sus fundamentos rigen lo mismo en una obra de ficción, que para un informativo o un programa instructivo o educativo. Es el deslinde entre lo histórico esencial y lo irreal presentado, cuando es de una época, hay que cuidar que no sean cuadros de la misma época, sino diseños especiales para uso de actores, en ello va la maestría de cómo deben ser diseñados. Pues aquí hay un dilema que el buen diseñador siempre le da solución, dónde está el diseño y dónde la imitación, es lo que se había planteado anteriormente, es la relación historia-adecuación.

Diseño de vestuario de Eduardo Arrocha para el ballet *Giselle*

¿Cuál es esta relación tan estrecha y de correspondencia directa? Solo hay que recordar que un vestuario mal diseñado, no acorde con los presupuestos simbólicos que un programa exige, constituiría el fracaso de una representación y de la recepción de todo el conjunto del producto audiovisual.

El diseñador de vestuario es parte importante del equipo de realización y su trabajo corresponde a los restantes aspectos de la escenografía. Al hacer el boceto o el proyecto de la obra, el director de arte, en "consulta" con el director de la obra, le propone los presupuestos válidos para el montaje, donde el director de fotografía participa como el tercer elemento determinante, pues el resultado dependerá de ambos.

En líneas generales, ya aprobado por el director, el diseñador de vestuario procede a la ejecución de su proyecto con pasos bien concretos. Primero el estudio de la obra, pues es importante la lectura general de la obra original; si el producto audiovisual va a ser una adaptación del guion, porque en ello está la concepción de qué se quiere "decir", este primer paso condiciona la profundidad del espacio que el creador tiene para expresar a partir de su proyecto del mundo codificado de la representación. Con esta concepción general de época, circunstancias históricas, clases sociales que entran en juego, conflictos, conductas, el diseñador hace una propuesta o un esquema, a partir de la psicología de los personajes, de las acciones a realizar por estos, de su permanencia y papel en las escenas y en la obra en general.

Diseño de vestuario de Miriam Dueñas para el personaje de Changó

Aunque de alguna forma ya el director de arte con el escenógrafo había dado la pauta de la paleta de colores a utilizar, estos se condicionan por la simbología que cada uno de los personajes transmite y tiene implícito cómo responder a sus características: violencia, agresividad, dulzura, ternura, nostalgia, muerte, desamparo. Todo ello se remarca con el uso de los colores. Pero a la vez, la connotación social y de época que exige de materiales específicos para la confección del vestuario. Aquí se presenta el gran problema, pues no siempre se cuenta con los materiales necesarios o el presupuesto de la obra no permite la utilización de materiales costosos, y hay que entrar en colaboración directa con el director de fotografía y por supuesto, con el diseñador de luces, pues una iluminación que resalte determinados presupuestos puede dar textura de un material similar y en la representación hacer de este el idóneo.

Boceto de vestuario de Miriam Dueñas para las hermanas de Martí en el filme de Fernando Pérez *José Martí, el ojo del canario.*

Muchos son los detalles que el diseñador de vestuario tiene que tener en cuenta: dónde se filmará, en exterior o interior, las peripecias de los personajes, las características de los actores que representarán estos personajes, su estructura física, proyección, fuerza, intensidad y la correspondencia con el encargo artístico. El vestuario, además, ayuda a favorecer la imagen de los personajes a evidenciar su protagonismo, a disimular algunos «defectos» del actor o a resaltar las bondades.

Diseño del vestuario para Doña Leonor Pérez y las hermanas en la película *José Martí, el ojo del canario*, del director Fernando Pérez, diseños de vestuario Miriam Dueñas.

Es de suma importancia subrayar que el vestuario es una pieza más del diseño y de la estructura escenográfica de la obra, es un elemento coadyuvante, pero no puede protagonizar la obra; un diseño mal concebido por defecto o por exceso, puede ser el detonante negativo en la recepción de la creación audiovisual propuesta, pues deja de ser el catalizador a través del cual se contribuye a la mejor comprensión de la obra. Al corresponder a los rasgos y cualidades de los personajes, le da el auténtico ambiente que esté necesariamente en correspondencia con los estilos, corte, colorido y géneros: tragedia, comedia u otros.

El proceso de trabajo del diseñador de vestuario es complejo e interesante, pues ya estudiada la obra, hace los bocetos de lo que considerará se requeriría para ella y analiza con el director de arte y el director la propuesta para su aprobación. Siempre debe tener presente que no puede dar elementos de disonancia o repetición, con cortes, colores o calidad de la tela, y prever y constatar cómo se logra a partir de la iluminación, aspecto de suma jerarquía.

Diseñar el vestuario es un arduo proceso; es la entrega de la comprensión que el artista hace sobre los códigos que otro u otros artistas han propuesto. Pensemos si se trata de una adaptación, el tamiz de la representación pasa por la comprensión del texto primario, de ahí la importancia de esa lectura, la interpretación intertextual de qué significa el personaje, cuál es su lugar, cuál es la época. El diseño se completa con las especificidades de todo lo que él lleva. Hay un momento bien complejo, que es la elección de los materiales con los que se va a confeccionar la obra, pues no es el mismo género ni la época, ni los materiales que se usaban entonces; cómo se marca la diferencia entre los personajes, y cuál es el ambiente que el director desea dar para la selección de los colores o tonalidades.

Hay un criterio mal generalizado de que las obras contemporáneas son más fáciles, pues requieren de menos estudio a la hora de diseñar los vestuarios, pero cuidado, la historia da ya "etiquetados" modelos que la creatividad recrea, pero la contemporaneidad exige una mirada muy analítica, la búsqueda de patrones sociológicos que permitan identificar tipologías, comunidades y estructuras, sin que sean maniqueísmos que no respondan a las características del proceso de creación audiovisual.

Diseño de vestuario de María Elena Molinet

Ya realizados los diseños y llevados al taller, después de haber seleccionado el material con que se van a confeccionar –que es responsabilidad del diseñador–, se sigue su proceso en el taller de confección. Para ese instante ha pasado por un momento muy importante: el diseñador de vestuario ya lo ha analizado con el director, el director de arte y de fotografía. Este se adecuará en parte a las condiciones del actor, no solo en lo que significa la confección, sino en el físico, qué colores son los favorecedores, cuáles son los adecuados, las pruebas de vestuario, que son responsabilidad del diseñador y por último, la prueba de luces y fotografía, que determinará la conclusión de la obra.

Muy importante significa la factibilidad del uso del vestuario diseñado, que el actor se sienta cómodo, que lo pueda manejar y esté adecuado a su papel para que comprenda que es lo que necesariamente debe "vestir". Es el complemento necesario para que su personaje funcione. Es imprescindible cuidar los detalles, el uso de ornamentación en correspondencia con la época y el desarrollo técnico de entonces, así como de los materiales de confección, ejemplos de ello: botones, zippers, adornos en general, pues hemos visto en producciones audiovisuales mal cuidadas ornamentaciones que aun no se conocían o no eran usadas en la época narrada en la trama.

Otro detalle importante en el vestuario es toda la ornamentación que la completa, el diseño de vestuario contempla en si los "adornos", donde hay que tener un cuidado extremo, si se usa fantasía para una época o personaje determinado, velar por su calidad o simulación de perfección, y valorar desde la visualidad cómo se plasman a partir de la fotografía y la iluminación.

Un diseño adecuado del vestuario realza la obra en toda su magnitud. En Cuba existen nombres imprescindibles en estos medios audiovisuales, como María Elena Molinet, Eduardo Arrocha, Otto Chaviano, Miriam Dueñas, Derubín Jacome, Anilcie Arévalo, Elba Vive, Nieves Valdés, Piedad Subirats y Nieves Leferté, entre otros.

LA VERDAD DE LO INVISIBLE

## Peluquería y maquillaje

*"El arte es la mentira que nos permite comprender la verdad".*

PABLO PICASSO

Cuánto de importante es este aspecto en el diseño escenográfico y la realización exitosa de una obra audiovisual. Dos aspectos muy interrelacionados aquí son imprescindibles: pues parten de varios condicionantes específicos. La obra que se presenta, su estructura, época, requerimientos técnicos, proyección e imagen, por una parte, y el diseño de vestuario y luces, que condiciona de manera especial los efectos visuales a diseñar.

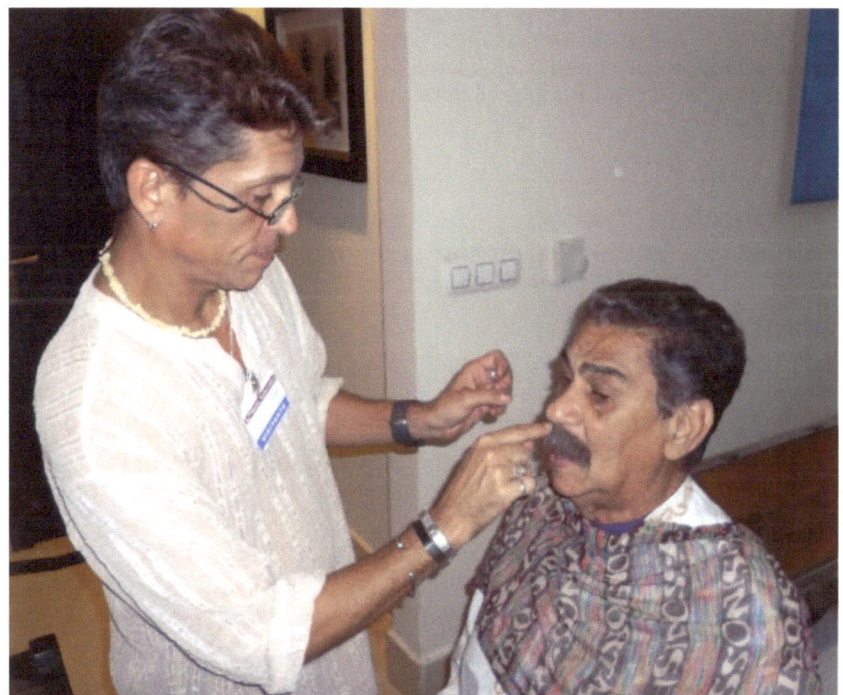

Tony Angelino maquilla a Jorge Losada, caracterización de un personaje hindú, para el telefilme *Inevitable*, del director Delso Aquino.

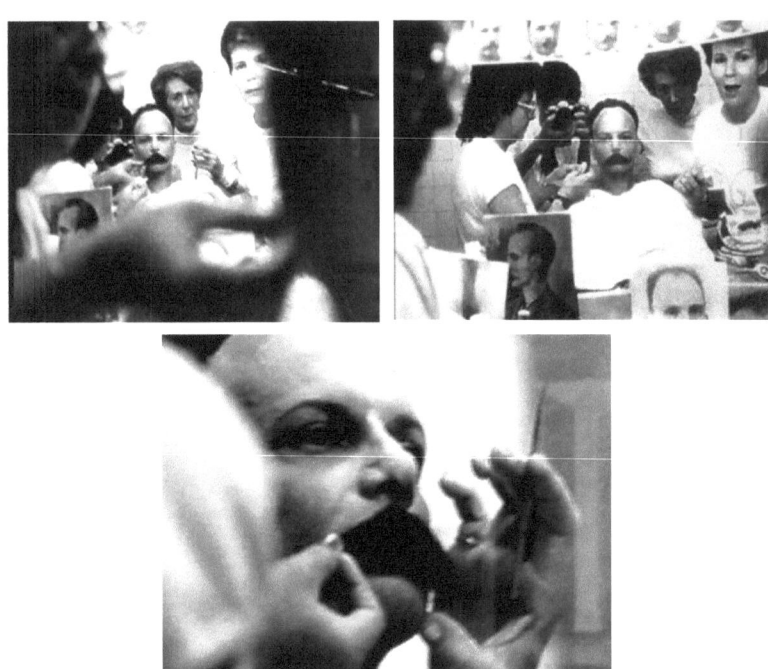

Secuencia de fotos que muestran el proceso de caracterización de José Martí para su interpretación por el actor Enrique Molina; maquillista Elda López.

      El peluquero y el maquillista como artistas que complementan la obra, analizan el personaje, su contexto, condiciones, papel dentro de la misma, para lo cual es muy importante conocer el diseño de vestuario, la gama de colores utilizados, el diseño de la escenografía, para saber los muebles, habitaciones y el espacio que tienen los actores, y por último –y no menos importante– , quiénes son los actores que tendrán a su cargo uno u otro personaje, pues crean para un personaje real-irreal, que tiene una doble manifestación: la realidad de la estructura biológica de la persona y la fantasía de la persona que va a crear a partir de su obra.

      Es importante dotarlo de todas las reseñas necesarias, y él mismo tendrá que investigar las peculiaridades de la época, del entorno sociocultural, trabajar con fotografías, caracterizar personajes, hacer pruebas para la transformación y representación de rostros, cuerpos, accidentes, o múltiples requerimientos que la obra demande.

Caracterización del personaje de Carlos Marx por el actor Michaelis Cue en la obra *Marx en el Soho*

Resulta sustancial el tratamiento de postizos, pelucas, y su papel, pues cuando son caracterizaciones de personajes distinguidos o de época hay que trabajarlos con sumo cuidado, de manera que la fotografía o iluminación no descubra elementos que puedan denigrar la obra o el personaje, e igual pasa cuando estos son usados como burla o comedias para divertimiento, pues exigen un tratamiento especial que devele claramente el propósito.

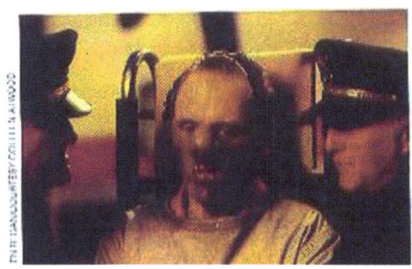 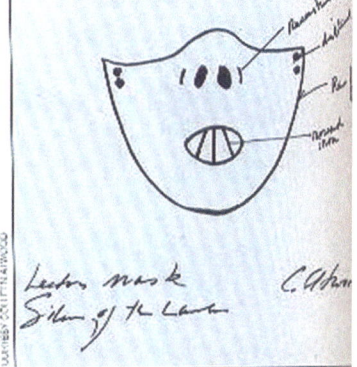

Maquillaje del actor Anthony Hopkins para la interpretación del personaje principal en la película *El silencio de los corderos*, director Jonathan Demme.

Maquillaje para efectos especiales

En esta profesión no se puede improvisar, pues se necesita conocimientos de iluminación, del papel de la luz en el color, del efecto de las cámaras, del calor o del frío, que hacen variar el resultado. Además, en las series que llevan varias filmaciones y que el personaje tiene una personalidad acentuada por el maquillaje y el peinado, deben ser consecuentes los procesos de creación para no desvirtuarlos.

Construcción al detalle de un *set* para la película *Cuando la verdad despierta*, del director Alejandro Rizzo, director de arte Luis Lacosta (en la foto), fotografía de Jorge Valiente.

Cuando se llevan tocados o elementos de ornamentación, se debe respetar el papel que estos representan en función del desarrollo dramático, y sobre todo es muy importante el estudio de las actrices y actores para encubrir aquellos elementos que no se corresponden con el personaje y que no favorecen la imagen del actor o de la actriz.

Un buen efecto de peluquería y maquillaje contribuye a la realización exitosa de la obra audiovisual.

## El ambientador en el medio audiovisual

"…que nunca quieren recomenzar el mismo naipe, la misma noche de igual ijada descomunal…"

JOSÉ LEZAMA LIMA

Hay muchas definiciones o concepciones de qué es un ambientador, pero en lo que todos concordamos es en que esta es la persona que tiene a su cargo legitimar los elementos imprescindibles y necesarios que garanticen una obra de teatro, cine y televisión.

*Set* de la película *Cuando la verdad despierta*, del director Alejandro Rizzo, director de arte Luis Lacosta y fotografía Jorge Valiente.

Ambientación del telefilme *Mejilla con mejilla*, del director Delso Aquino, director de arte Luis Lacosta, ambientador Martín Quintero.

Es parte fundamental del grupo que trabaja con el director de arte y es también un colaborador imprescindible del escenógrafo, pues analiza con él los elementos necesarios que completan o posibilitan el diseño, la concepción del escenógrafo, ya que después de terminado el levantamiento del *set* o del lugar donde se trabajará, juntos lo decorarán para lograr que el objetivo propuesto en el diseño se corresponde con la obra audiovisual a realizar. Es el responsable de colocar el mobiliario, las cortinas, los cuadros y todo cuanto se necesite.

El nivel de preparación del ambientador es de suma importancia, pues debe conocer el estilo, la época, la colocación de los objetos, la significación de los colores y las costumbres de una época.

*Set* del telefilme *La casa del anticuario*, del director Delso Aquino, dirección de arte de Luis Lacosta, ambientador Martín Quintero.

El ambientador ha de tener sólidos conocimientos de historia, de historia del arte, de literatura y de diseño. Al enfrentarse a una escenografía debe conocer el diseño o la maqueta, y los esbozos realizados por el director de arte, el escenógrafo, el diseñador de vestuario, el diseñador de luces, el director de fotografía y el peluquero, pues su trabajo es como el resumen de lo realizado por los demás, es el ojo visible que permitirá realizar con éxito o condenar al fracaso una obra audiovisual. Cuando se señala una determinada ambientación, esta debe corresponder al estilo, época, intereses y códigos que establece el director y que están plasmados en el guion, por lo que le resulta de absoluta necesidad leer y estudiar el mismo. Sus sugerencias son muy válidas para la feliz ejecución de un proyecto artístico.

En los medios audiovisuales hay algunos criterios de darle al ambientador el cargo de "diseñador de ambientación", lo cual es un error, pues el diseño de la ambientación de una decoración ha partido del criterio del escenógrafo, pero su trabajo no es mecánico, es creativo y por lo tanto, aporta elementos importantes en la realización de una obra. Con el ambientador suelen trabajar los utileros, que buscan objetos para la decoración, y el denominado utilero del *set*, que es el que se ocupa de la utilería de acción, que puede ser un reloj, libretas, lápices, comestibles, pero bajo la supervisión del ambientador, que cuidará de la época, los estilos y la correspondencia entre el guion, las intenciones y el diseño del escenógrafo.

LA VERDAD DE LO INVISIBLE

Un contraplano del *set* en el salón, del telefilme *Inevitable*, dirigido por Delso Aquino, con la dirección de arte de Luis Lacosta.

## Conceptos imprescindibles a tomar en consideración por la escenografía

"Música: aliento de las estatuas.
Quizá: la forma o el silencio de los cuadros:
Tú, donde los idiomas acaban.
Tú, idioma de los idiomas.
Tú, tiempo que, perpendicular, te levantas sobre el mundo de corazones…"

RAINER MARÍA RILKE

En el proceso de desarrollo y de diseño de la escenografía intervienen elementos fundamentales, que si bien no forman parte del diseño escenográfico, el escenógrafo debe tenerlos en cuenta, pues contribuyen a la proyección de la obra audiovisual, que por su esencia misma requiere de un poderoso elemento que es lo auditivo, que ha de estar en correspondencia directa con la concepción general de la obra y dependerá mucho del género y de las especificidades, pero que estará en plena consonancia con el diseño de iluminación y el diseño escenográfico en general. Es bueno señalar algunos de estos momentos:

## Efectos del sonido

Actualmente, el sonido es grabado en la preproducción, para asegurarse de que no haya fallas, aunque hasta hace poco tiempo se hacía en directo. En la década del 30 se comenzó a utilizar la técnica del grabado. Se considera "efecto" cualquier sonido que no sea producido por un intérprete y que se usa para dar realismo a la obra o para crear un ritmo determinado. Los técnicos también crean efectos audiovisuales como fenómenos naturales, apariciones, objetos en vuelo y otros. En nuestros tiempos, existen escenarios flotantes que dejan levantar ciertas zonas del escenario, haciendo aparecer o desaparecer cosas para dar un toque fantástico, y todo ello condiciona un sonido específico que responde directamente a la concepción general del diseño escenográfico, las intenciones del director y el uso que de ella ha hecho el director de arte.

## La banda sonora

Esta tiene especificidades técnicas que no entraremos a detallar, pero el director de arte debe tener conocimiento de su proyecto, pues influye y determina componentes especiales de la escenografía; cuando se hace hincapié en un elemento, es quien llama a destacar una acción, un pasaje, un aspecto muy particular del diseño escénico o del personaje en el que centra la atención el espectador, o acompaña su asimilación o rechazo. Es por ello que los efectos de sonido desempeñan un papel tan importante en la valoración y congruencia artística de un diseño escenográfico.

### La música

Es un complemento esencial de todo producto audiovisual, cualesquiera que sean las características que el mismo tenga; en algunos constituye un elemento protagónico, en otros es el accesorio que refuerza o debilita una acción, por lo que el escenógrafo no puede estar al margen de la música incidental o protagónica, pues en muchos casos es un complemento auditivo de la visualidad propuesta y completa el sistema de códigos que el director se propuso. Tomemos como ejemplo la música incidental que acompaña un personaje, ella está en correspondencia con su comportamiento, forma de vestir (aquí entra de manera significativa el diseñador de vestuario y el ambientador), y aunque a veces la música incidental se diseña a partir del producto visual elaborado, el director de arte debe velar por su correspondencia en la fase final de la edición del producto realizado, ya que puede estropear el diseño escenográfico y fotográfico a alcanzar.

## Los problemas escenográficos y sus soluciones

"Sé que en la escena suele el caballero meter la espada en las realidades, descabezando al títere, importuno.
Pero no temo al delirante acero.
Si de verdad es ficción, ficción verdades.
Payasos y guerreros somos uno".

RAÚL HERNÁNDEZ NOVÁS

Como en todos los ámbitos de la creación, las dificultades y problemas siempre existen. Entre los problemas escenográficos más significativos están la desproporción y el decorado.

Es muy importante la proporción en un escenario, porque si se carga con muchos accesorios, el intérprete se somete a poco espacio escénico donde prácticamente o sobra o no tiene lugar. Debe velarse por el espacio escénico, sus dimensiones, que al presentar el diseño, este contenga y exprese el texto, contexto y el intertexto de la obra que se presenta. Si atiborramos de detalles y elementos la escena, esta dejará de responder al concepto del director y distraerá la atención del televidente o lo atormentará, no le posibilitará recibir el mensaje visual propuesto. El otro problema es el decorado. Este se transforma a veces en un armatoste inmóvil que quita lugar y practicidad a la concepción general. El decorado responde directamente a los cánones de la obra, a la concepción del director y al diseño que sobre ella hizo el director de arte, pues busca el equilibrio entre los diferentes componentes de la escenografía.

Un decorado insuficiente, si no es el espíritu de la concepción y del guion, deja insatisfecho al espectador, lo deja con un vacío, da la sensación de que no se le completó la idea, pero por otra parte, si el decorado es abrumador, aplasta las ideas y no permite un disfrute excelente y una valoración proporciona entre el mensaje y su presentación.

## El diseño de luces: un momento imprescindible

"Dance la luz reconciliando
al hombre con sus dioses desdeñosos.
Ambos sonrientes, diciendo
los vencimientos de la muerte universal
y la calidad tranquila de la luz".

JOSÉ LEZAMA LIMA

La iluminación en los audiovisuales forma parte esencial de la expresión del encuadre, y su relación con los elementos plásticos que constituyen el ambiente escénico es intrínseca a este, y su ausencia hace imposible la realización de dicho ambiente.

A través de la selección artística determinamos su posición dentro del espacio visual, en virtud de sus posibilidades para establecer la atmósfera dramática; así los volúmenes de luz, sombra y penumbras se sujetan a las leyes particulares de la expresión artística y establecen un nexo entre el marco escénico y la percepción del espectador.

Alexandre Trauner, escenógrafo que trabajó con directores como Manuel Carné, Orson Welles, Billy Wilder y otros, expresó que al concebir un decorado pensaba siempre en la manera en que se le iluminaría, porque en el fondo era la luz la que le daría vida. Intentaba, por ello, ofrecer al director de fotografía varias opciones con el fin de que pudiera manejarlas con mayor libertad. A la hora de hacer el diseño, se preocupaba especialmente de imaginar la luz que iluminaría el decorado, de dónde viene, de qué forma actúa, cuáles serán los efectos fundamentales.

Imagen de una ambientación de iluminación

Al ser la luz la originaria de la capacidad visual, a ella se debe también la apreciación de la gama cromática o colores. Un espacio iluminado uniformemente y con gran luminosidad tendrá una emotividad totalmente opuesta al mismo espacio iluminado a través de grandes contrastes entre las luces y las sombras. Un rayo de luz dentro de un campo visual en sombras puede enfatizar la acción dramática tanto como un grito en medio del silencio.

Lámparas

Cámaras de cine Arriflex utilizadas en filmaciones

Es la luz la que provoca la percepción visual, el volumen y el sentido de la distancia o profundidad, sin ella no es posible la visión del mundo circundante, al actuar sobre el sistema nervioso óptico. De entre todas sus propiedades constitutivas hay dos que son de la mayor importancia por su aplicación dentro de la práctica de las profesiones plásticas:

Amplitud y longitud

El color, a través de la luz, tiene una serie de efectos ópticos que resultan imprescindibles para el trabajo en los medios audiovisuales.

Como se puede apreciar, el estudio de la luz y su influencia en el color es de vital importancia en la creación audiovisual y abarca todas las disciplinas artísticas que comprenden la producción: el vestuario, el maquillaje y la escenografía.

Lo que la luz hace es remarcar, subrayar, valorar algunas cosas y desvalorizar otras. En un escenario, es lo más importante. Si no hay luz, la que sea, no hay espectáculo. Ella es la que dibuja al actor en el *set*, la que puede desaparecerlo y hacerlo aparecer de la nada, la que define si es día, es noche, tarde o madrugada, la que ayuda a que una escena de amor sea más amorosa o que un crimen parezca más violento. Diría que, si no lo es todo, forma parte del todo.

Es evidente, en el ámbito del primer plano y del plano detalle, que la luz, privada de su carácter de agente que determina la atmósfera y da sabor completo a la imagen, se libra de sus relaciones con la escenografía, para quedar reducida a un mero efecto pictórico. Este define precisamente, en ese caso, la medida, el acento, igual o diverso, el diferente o idéntico tono de las distintas zonas de la imagen; tiende, en definitiva, a poner de relieve una particular y determinada clase de sensaciones visuales, en función exclusiva del personaje, en cuanto este se encuentra, de manera notoria por la duración del primer plano y del plano detalle (fuera del tiempo y del espacio) y no permite, por tanto, la instauración de relaciones inmediatas con el ambiente escénico, más exactamente, espacial, del cual ha sido aislado.

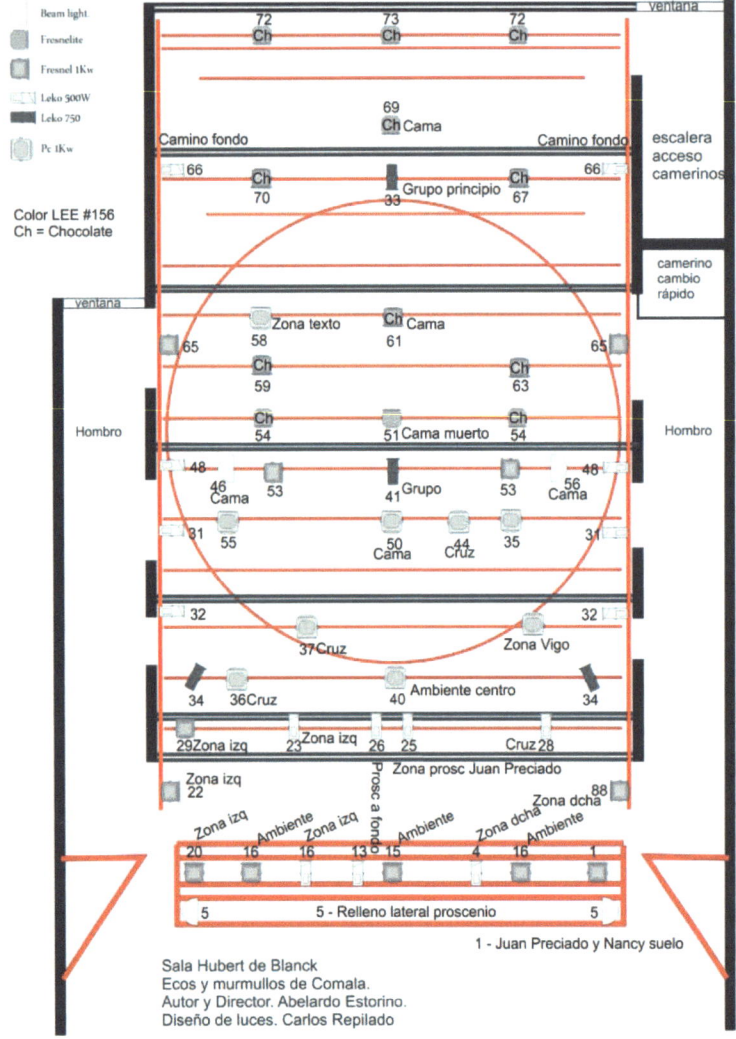

Plano de luces, realizado por Carlos Repilado, para la obra *Ecos y murmullos de Comala*

En escenografías de tipo realista, es decir, que intentan recrear un lugar específico, las luces pueden situarse de modo que simulen la dirección de la fuente aparente, como el sol o una lámpara, pero, incluso en este caso, parecería que los actores solo tienen dos dimensiones, si no se añadiera iluminación lateral y de fondo.

Iluminar un *set* es como estar ante un cielo lleno de estrellas y poderlas bajar una a una, y luego bajar un rayo de sol e incorporarlo a ese espacio de la obra. Es llenar un escenario de vida.

Los objetivos de la iluminación escénica son iluminar al intérprete, revelar correctamente la forma de todo lo que está en escena, ofrecer la imagen del escenario con una composición de luz que pueda cambiar tanto la percepción del espacio como la del tiempo, inventar ambientes y apoyar el desarrollo de la historia, proporcionando información y creando una atmósfera auténtica.

Las relaciones entre la escenografía y la iluminación, como vimos, son esenciales, pero más que a las relaciones teóricas entre los diversos elementos constitutivos de la obra, conciernen al carácter particular de la consistencia de la escenografía en cuanto al factor de la poética audiovisual y, en este campo, sería necesario afirmar que en su significado más extenso, la luz informa el tono del ambiente y contribuye, en alto grado, a incrementar las estructuras arquitectónicas o de decoración que componen la escenografía. En cambio, cuando la escenografía se compone de una naturaleza añadida, terminante, específica, tiene que someterse a una estricta iluminación.

La iluminación escénica cumple dos funciones principales: iluminar el escenario y a los actores, y transformar el escenario en una atmósfera perfecta a la obra. El público espera tener un ciento por ciento de visibilidad de los actores y el escenario.

Hay dos grupos de iluminación: la indirecta, que es empleando luz reflejada o iluminación general y la directa, proveniente del sol o una lámpara. La utilizada por la comedia musical es la primera y para ello usan focos y proyectores. Con ellos, hay cuatro factores controlables: la intensidad, el color, la distribución y el movimiento.

Existen diferentes tipos de efectos de luz con focos como son: de panorama, lateral, cenital, frontal y contra. Cada una de las cuales se exige en correspondencia con el diseño de fotografía, de escenografía, y la concepción dramática del director.

El color en la luz es muy importante, dado que la luz blanca es demasiado violenta en general, pues se "come" el color de los decorados y los vestuarios. Pero si se quiere utilizar se forma con los colores primarios rojo, azul y verde. El color en la luz se hace con filtros hechos con láminas de acetato llamadas **gelatinas**. Generalmente se usa más de un color para iluminar y más de una gama de colores también. Siempre hay que probar los focos con el vestuario para prevenir efectos no deseados. El diseño de la iluminación busca la discreción, como el vestuario y el decorado. Una utilización inteligente de los factores de la iluminación puede realizar un efecto emotivo o subliminal en los espectadores.

Los técnicos de iluminación instalan los focos en el lugar correspondiente a cada uno, enfocados a la zona deseada y conectados al canal. Todo el procedimiento se efectúa apagando todas las luces del ensayo y de la sala. Se prueba la iluminación con el vestuario y la música.

Todo ello nos demuestra que tras cada obra hay un equipo, donde sus elementos están íntimamente interconectados y no hay lugar para la improvisación.

Iluminador con lámpara en un *set*

## El director de fotografía: una relación directa

*"La fotografía realmente significa rescribir con la luz. La fotografía es la literatura de la luz".*

VITTORIO STORARO

La fotografía llega a la televisión como herencia directa del cine. Ya a principios del siglo XX los avances tecnológicos y el desarrollo científico le imprimieron a la fotografía nuevos derroteros, y sobre todo, mayores posibilidades para la integración y consecución de un producto artístico de la más elevada calidad.

Apenas recordamos esos primeros momentos cuando a partir de la luz natural se hacían los diseños fotográficos o el tránsito por las diferentes variantes de iluminación. Hoy no hay que esperar al producto terminado; el fotógrafo valora y determina los ángulos más provechosos o adecuados para un determinado fundamento artístico, juega con los colores y su estructuración, coordina las mejores tomas y prueba una y otra vez hasta lograr el efecto deseado.

Diversas cámaras de cine y video utilizadas en los medios audiovisuales

Otras cámaras de cine y video que se utilizan

Ahora bien, ¿cómo el director de fotografía enfrenta su trabajo? Desde el primer momento se incorpora a la obra a realizar, pues junto al director de arte discutirá con el director las coordenadas estéticas que este pretende, los derroteros en el diseño dramatúrgico, los pormenores del guion, aquellos aspectos en los que el director desea centrar la atención, los momentos de mayor clímax y los momentos de distención. Ya con estos elementos estudia el guion, analiza las mejores variantes y le propone al director cómo enfatizar, abordar o eludir determinadas situaciones.

Analizará con el director de arte la gama de colores propuesta, los mejores ángulos en correspondencia con los actores, el vestuario y el diseño de maquillaje y peluquería. Un momento decisivo serán los ensayos, donde ya se definen los presupuestos estéticos y dramatúrgicos con mayor precisión. Es el momento de las correcciones, de la búsqueda de arte plasmada en toda obra audiovisual. El lenguaje fotográfico no es más que un elemento integrante del lenguaje audiovisual que se ha diseñado, por lo que debe estar en perfecta correspondencia con el mismo.

La fotografía es un aliado perfecto para disimular errores, resaltar virtudes, escenas de significación o elementos importantes que queden fijados en la memoria del receptor.

En conversación con el destacado fotógrafo Ángel Alderete, nos relataba cómo en la filmación de *Shiralad*, emblemática aventura por el diseño de vestuario y los efectos que se utilizaron, llegó un momento en que las botas o parte del vestuario se iban deteriorando y tenía el fotógrafo que seguir buscando los ángulos de filmación que no delataran los desgastes sufridos. Otras veces, se agrandan los efectos especiales en correspondencia con las necesidades dramatúrgicas que el director ha marcado para cada escena. Una buena fotografía garantiza el éxito de toda obra audiovisual, mientras que una fotografía deficiente interrumpe la idea de la obra, la distorsiona y no permite su asimilación por el receptor.

También es de suma significación la visita con el director de arte de las locaciones en exterior, de los planos o maquetas para diseñar su concepción integralmente.

Es importante la realización de equipos a la hora de hacer una obra. El fotógrafo se impregna de la concepción estética del director, le señala los derroteros y facilita que el lenguaje fotográfico esté en correspondencia directa con el propósito audiovisual propuesto, pues debe responder a los efectos sonoros y marcar las pautas de la iluminación, de la eficacia del vestuario y maquillaje, de las locaciones y escenas.

Cámara de cine y video que se utiliza en el cine y la televisión

# DIRECTOR DE ARTE:
## una necesidad

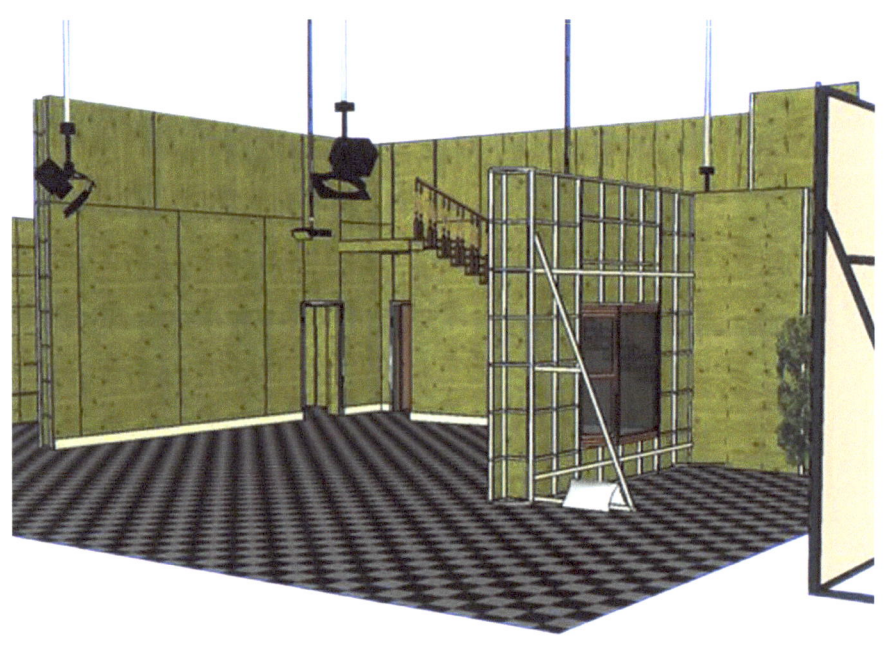

## Director de arte: ¿cómo entenderlo?

> "Entre tantos oficios ejerzo este que no es mío, como un amo implacable me obliga a trabajar de día, de noche, con dolor, con amor, bajo la lluvia, en la catástrofe, cuando se abren los brazos de la ternura o del alma".
>
> JUAN GELMAN

En la actualidad existen muchos significados para definir al director de arte, los más comunes van desde dirigir una obra con características visuales, hasta ser el responsable de un proyecto audiovisual que abarque los medios de comunicación, las teorías de la comunicación a partir de la expresión artística; entre ellos podemos mencionar la publicidad, los videojuegos, la edición de libros, en el sentido amplio del término, o lo que propiamente siempre le dio su origen el cine y la televisión. Sin embargo, hay un aspecto fundamental que diferencia al director de arte de cine y de televisión: la finalidad.

La dirección de arte viene del idioma inglés: *Art Director*, que significa dirección de arte o dirección artística. Esta última podría confundirse con la dirección del filme. Es por ello que se acordó en el cine de habla hispana nombrarle "dirección de arte".

La dirección artística para el cine y la televisión está al servicio de un arte dramático y la propuesta estética está condicionada por aspectos narrativos, contextuales, emocionales y psicológicos, que permiten crear una imagen que va más allá de la moda, de las últimas tendencias en decoración o de la generación de una imagen políticamente correcta (como sucede en algunos casos en la expresión publicitaria), pues su función principal está en la creación de una atmósfera adecuada para que se desarrolle la historia. En este sentido, los parámetros estéticos responden a un sentido más profundo que formal, pues se puede encontrar belleza en lugares aparentemente carentes de esta cualidad, por ejemplo en la imagen de un pueblo destruido por la guerra o en la habitación de un asesino en serie.

La concepción de dirección de arte nace en el año 1930 en las industrias de cine más desarrolladas: Francia, Inglaterra y Estados Unidos. En ese entonces el director de arte representaba un personal de confianza de la administración, pues era el encargado de "administrar" los grandes recursos para las escenografías, los efectos especiales, el vestuario y todo lo que conllevaba la producción de un filme. Por la experiencia en el cine, podía ofrecer soluciones técnicas que garantizaban mayor eficiencia y utilización de los recursos sin afectar el fenómeno artístico. En un momento inicial esto tuvo lugar fundamentalmente para el cine industrial, pero en el proceso de desarrollo que tiene el cine como la gran industria del entretenimiento, se ha convertido en uno de los directores del producto audiovisual.

Octavio Cortázar y Luis Lacosta

Fue a partir de la década del noventa del pasado siglo que se comienza a utilizar en nuestro contexto el crédito de director de arte, aunque ya Octavio Cortázar, en su documental *Hablando del punto cubano* (1972), lo había utilizado por primera vez en nuestro contexto y lo había plasmado en los créditos, y en *Papeles secundarios* (1989,) de Orlando Rojas, fue acreditado en pantalla el pintor Flavio Garciandía como director de arte.

LA VERDAD DE LO INVISIBLE

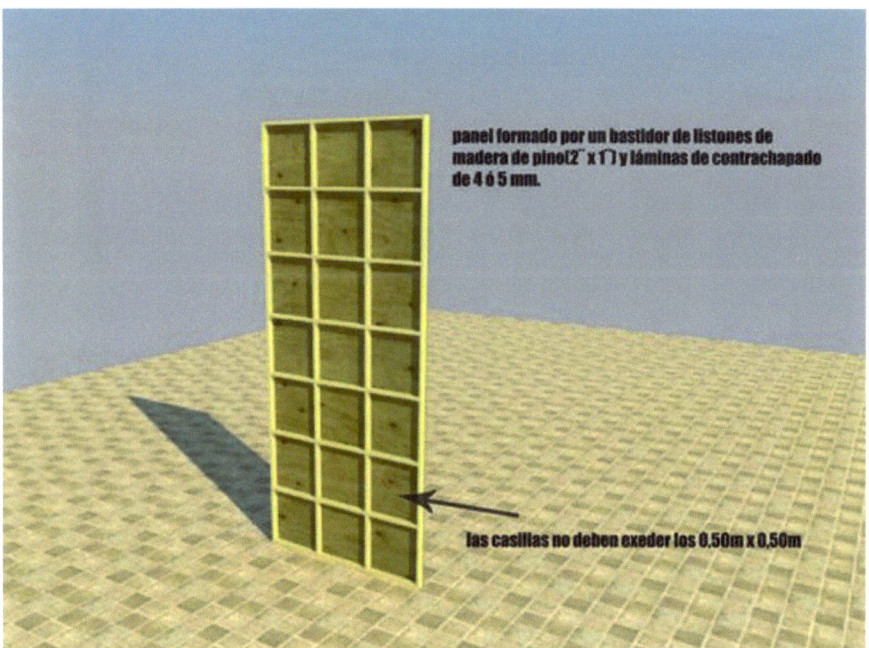

*Set* en construcción, visto desde diferentes ángulos.

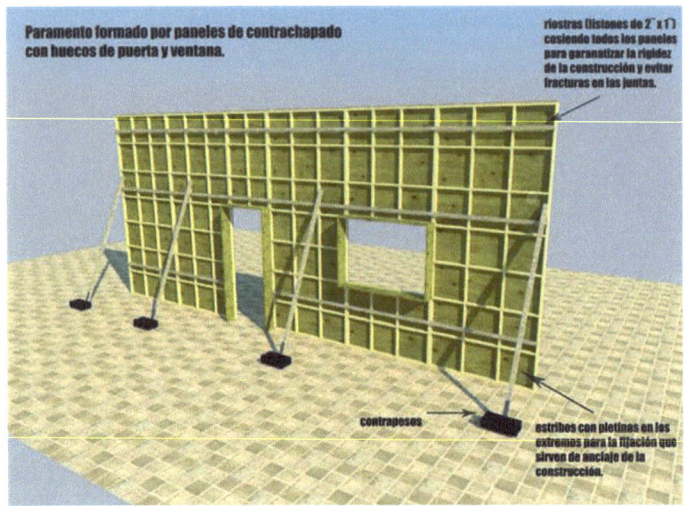

Construcción del *set*, visto desde otros ángulos.

El trabajo del director de arte consiste fundamentalmente en dirigir el equipo de diseñadores que intervienen en la ejecución de la obra. Todos ellos responden a un diseño integral, con una coherencia estilística y estética y un lenguaje propio que expresa los conceptos conciliados con el director de la obra, independientemente de que tenga que tomar en consideración otros elementos de carácter industrial y económico. El director de arte y el director de fotografía son hoy los colaboradores más importantes de la pre-filmación y filmación y de la proyección final del producto artístico.

Equipo para confeccionar determinados diseños

La concepción estética y su proyección en una película, telefilme o cualquier producto audiovisual es responsabilidad del director, del director de fotografía y del director de arte, quien, dependiendo de la dimensión del proyecto, puede desarrollar su trabajo como responsable de coordinar todo lo referido al diseño espacial: ambientación, escenografía y objetos de acción (utilería), como también los presupuestos que a él correspondan. Comúnmente es utilizado de esta forma en películas independientes, de bajo presupuesto, o en cortometrajes, donde se trabaja con un equipo reducido de personas; incluso, en dichos proyectos, el director de arte puede terminar desempeñando algunas labores de director de producción.

En la televisión este cargo es reciente y utilizado principalmente en los telefilmes, donde se ha demostrado lo importante que resulta, pues le ha proporcionado la posibilidad al director general de disponer de más tiempo para dedicarse a la dirección de actores y ayudarle a la hora de buscar las locaciones, discutir con los especialistas y llegar al día de la filmación o grabación con todo listo para que el director llegue, revise y comience.

El papel del director de arte ha estado asociado al diseño espacial, de modo que la integración con el departamento de vestuario y de maquillaje queda bajo su responsabilidad. El director de arte en la actualidad se forma a partir de un artista plástico, de un arquitecto o de un escenógrafo, pues no existe aún esta especialidad en las escuelas que forman los especialistas para los medios audiovisuales. Es una especialización que se modela en la práctica, después de años de experiencia y de haber transitado por la escenografía u otro de los componentes fundamentales de la obra audiovisual.

El director de arte debe tener un alto nivel de instrucción general y una vasta cultura, dominar la historia del arte, y también debe conocer la construcción escenográfica y los sistemas modulares, como practicables, paneles, patecas, y puentes colgantes, y todos aquellos elementos indispensables para una producción audiovisual. Debe tener conocimientos de los sistemas de iluminación, de los equipos de cámara: lentes, *Dolly* y grúas, pues de ello dependerá una mayor profesionalidad en su desempeño artístico. Debe conocer y diseñar efectos especiales en general, conocer las reglas y los efectos del maquillaje, diseño de caracterizaciones, la importancia y conveniencia del vestuario y las distintas variedades de telas, su envejecimiento y pátinas, los estilos arquitectónicos, así como los requisitos y fundamentos de la decoración de interiores. Siempre debe estar actualizado al máximo en los nuevos conceptos y avances tecnológicos que se introducen en las producciones audiovisuales.

El director de arte es, junto al director de fotografía, la tríada necesaria para lograr una concepción altamente estética y al mismo tiempo insertada dentro de la gran industria.

Al respecto nos refería el destacado realizador Tomás Piard [6] quien, ha incursionado también en la dirección de arte en algunas obras:

---

6 Entrevista al realizador Tomás Piard por Norma Gálvez, marzo de 2012.

## LA VERDAD DE LO INVISIBLE

La dirección de arte es un aspecto fundamental a la hora de concretar una obra audiovisual, ya que es la que permite crear el resto del texto visual por medio de la escenografía, la ambientación, el diseño de vestuario, los diseños de maquillaje y peluquería, y hoy en día también los diseños digitales visuales, así como los efectos especiales que necesita una obra audiovisual para cumplir con su cometido.

La relación que se establece entre el director y el director de arte es muy estrecha, porque en sus manos está la confianza de que hará lo que se demande para que visualmente esté presente todo lo necesario (época, nivel social, estilos, colores, elementos de diseño) para apoyar y formar parte del texto dramático que se desea plasmar.

### Papel del director de arte

El trabajo del director de arte es dirigir un equipo de diseñadores: diseñador escenográfico, de vestuario, de efectos especiales, pirotecnia, maquillaje y ambientación. Todos estos diseñadores son orientados y dirigidos por él, y deben responder a un diseño integral, donde debe lograrse una coherencia estilística según los conceptos acordados con el director del filme. El director de arte debe pensar como el director, no considerar que el director debe pensar como él y buscar las soluciones.

Materiales para construir una casa del filme *Y sin embargo...*, del director Rudy Mora y director de arte Luis Lacosta.

En mi experiencia de más de cincuenta años trabajando para el cine y la televisión he vivido grandes momentos de felicidad, al terminar un trabajo donde he preparado importantes proyectos con recursos difíciles de resolver; como también he vivido muchos de colosales preocupaciones por las carencias en planes, pues a la hora de realizarse las construcciones no han aparecido los materiales requeridos y he tenido que recurrir a otros que nunca hubiera pensado utilizar.

Ejemplos de construcciones escenográficas

Así es como he realizado hasta ahora una gran cantidad de escenografías para el cine cubano y para la televisión, con enormes limitantes de materiales; a veces con muy bajos presupuestos, y casi siempre recurriendo a la inventiva de grandes y preocupados trabajadores del departamento de construcciones escenográficas, que jamás han dicho que no se puede hacer un proyecto.

Recuerdo momentos en grabaciones donde las dificultades eran casi las protagonistas de las construcciones escenográficas y de la ambientación; entre ellas puedo recordar el telefilme del director Charlie Medina *Los heraldos negros* (2009), donde pasamos mucho trabajo para conseguir un colchón camero, que en el proyecto tenían que transportarlo los actores, cargándolo a mano, y en uno de esos momentos caía en un gran charco de agua y fango que se encontraba en la locación, que habíamos preparado para la grabación; como podrán imaginar, a nadie se le podía alquilar ese colchón, no había en los almacenes de ambientación, pues estaban en la telenovela que se grababa en esos momentos, y al final se tuvo que confeccionar uno.

Dos momentos de la filmación del telefilme *Los heraldos negros,* del director Charlie Medina, diseñador de arte Luis Lacosta. Momento del traslado del colchón.

Otro momento más reciente, en el telefilme *Inevitable* (2012) del director Delso Aquino, en una de las locaciones más importantes, teníamos que preparar y decorar una sala inglesa, donde los colores de las paredes debían ser pasteles o claros, pues toda la decoración era de una familia muy adinerada y de mucho refinamiento. Después de preparar los diseños con el escenógrafo y tener todo listo, en los almacenes de construcciones escenográficas nada más que había en existencia pintura de color marrón o rojo teja. Imagínense qué gran problema; en ese momento había que cambiar todo el diseño y rápidamente reunirnos con el director del filme y el director de fotografía, Roberto Mera, para ver qué estrategia debíamos de seguir con la decoración y que la iluminación se diseñara de otra forma y se salvara la situación. Así sucedió, y esto último es un ejemplo de la estrecha relación que debe existir entre el director de arte, el director del telefilme y el director de fotografía.

Luis Lacosta y Delso Aquino en enero de 2012

El proceso de trabajo del director de arte comienza con la lectura, análisis y discusión del guion con el grupo creador; el director expone las concepciones dramatúrgicas y artísticas a los directores de arte, fotografía y posteriormente a los actores; y este a su vez se reúne con su equipo y les lee el guion, además de todos los acuerdos establecidos con la dirección de la película y la investigación según la época en que se desarrolla la trama. Se visitan las locaciones y se entra en la etapa de proyectos.

Luis Lacosta, Roberto Mera y Delso Aquino en una filmación

El trabajo de los proyectos se desarrolla como trabajo de equipo y con total libertad, donde se confronta la coherencia estilística, estética, a partir del lenguaje que el director ha determinado como su concepción fundamental, pero no hay que olvidar que es un trabajo de equipo, una labor interdisciplinaria, que mantiene la interrelación y la coherencia de integridad de la obra. Todos los diseños presentados deben partir del guion y convertirlos en los presupuestos estéticos y conceptuales que definirán la obra audiovisual.

Secuencia del *story board* de la casa de Raisa, del telefilme *La luna en el agua*, del director Delso Aquino.

A muchos directores les interesa estudiar la puesta en escena gráficamente a través del *story board*. Este sistema da la posibilidad de realizar un estudio detallado antes de llegar al *set*, pues consideran que constituye una ayuda y ofrece improvisaciones. Se cuenta que en el filme *Doce hombres en pugna* (*Twelve Angry Men*, 1957), de Sidney Lumet, la secuencia de la discusión del jurado se realizó en *story board* por ser una edición muy compleja.

En casi todas las películas de ficción –y donde hay una utilización mayor de efectos especiales–, normalmente se utiliza este procedimiento. Es interesante hacer referencia al *story board* realizado para la película *Yo soy de donde nace un río* (1987), que dirigiera Eduardo Toral, director de cine español y el protagonista es Silvio Rodríguez.

Continuidad de la secuencia del *story board* del telefilme *La luna en el agua*

Son muchos los aspectos a tener en cuenta por el director de arte, quien debe conocer todo acerca de la iluminación, y ello condiciona una relación muy estrecha con el director de fotografía, así como es de imprescindible valor la determinación del color y que este sea llevado como el elemento de sincronización y coherencia de toda la obra.

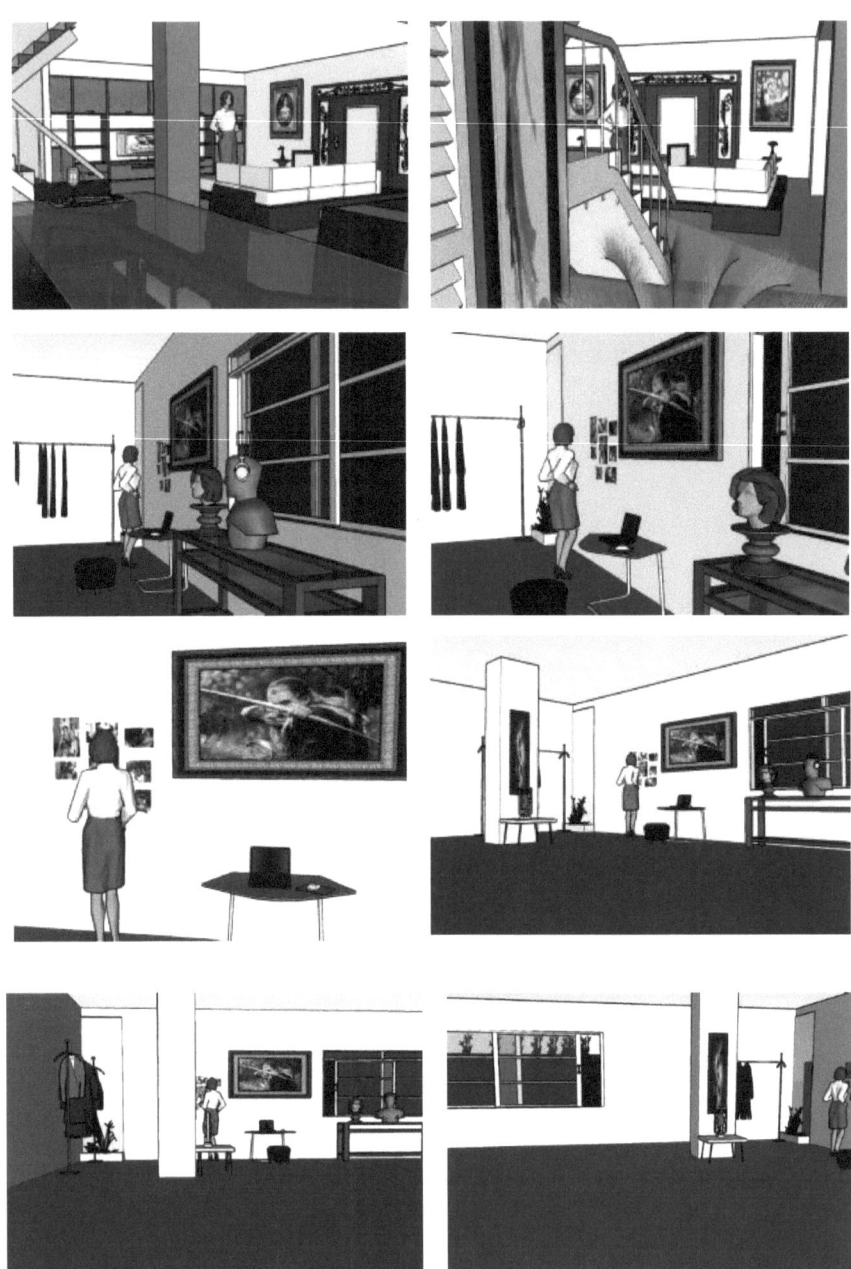

Otras imágenes de la secuencia del story board del telefilme *La luna en el agua*

El director de arte tiene entre sus responsabilidades:

- Administrar el presupuesto de arte para la obra en ejecución y el calendario de trabajo, buscando siempre la optimización de tiempos y de recursos.

- Coordinar todo lo relacionado con la construcción escenográfica, desde el diseño de los *sets* en términos prácticos, hasta la supervisión de planos y su construcción.

- Coordinar la adecuación de locaciones para su posterior montaje de ambientación por parte del decorador de *set*.

- Coordinar la entrega en buen estado de las locaciones que han sido intervenidas por el departamento de arte.

- Legalizar las facturas y verificar las deudas con los proveedores de los productos utilizados.

- Coordinar los efectos especiales (choques de carros, explosiones), en correspondencia con las exigencias del proyecto.

Es importante insistir en que el director de arte tiene la responsabilidad de hablarle al espectador desde lo estético, evocar la emoción que la obra presupone, tener muy bien definido para qué público trabaja, y en correspondencia con ello, elegir la sintaxis visual que considere la más apropiada. Es cardinal señalar que no se puede medir la creatividad, ni enseñarla; no hay fórmula. Solo una relación estable, de empatía y lenguaje común con el director posibilita el éxito del proyecto audiovisual. No es requerimiento trabajar siempre con el mismo equipo, pero en la práctica los equipos se van conformando en correspondencia con las afinidades estéticas, lenguajes comunes y la interacción de sus miembros, lo que permite un mejor desempeño, pues ya se parte de formas definidas y aceptadas para el trabajo, que ahorran tiempo, recursos y benefician el producto final.

El director de arte tiene sobre sus hombros la responsabilidad de la visualidad, aceptación y logro artístico de la obra, así como viabilizar y hacer más efectivo el desempeño del director de fotografía y engrandecer la concepción general de la obra audiovisual propuesta.

Construcción escenográfica para cine

# LUIS LACOSTA
a través de su obra y sus vivencias

## Entrevista de Norma Gálvez con Luis Lacosta Alverich

*"La vida se nos da,
y la merecemos dándola".*

RABINDRANATH TAGORE

*¿Cuándo y cómo llega a la televisión?*

En el año 1956 del siglo pasado, mis padres, que eran muy amigos de Enrique Santiesteban, el actor, le dijeron: "Mira a ver si nos ayudas en algo con este muchacho, que solo piensa en dibujar, ¿qué tú puedes hacer allá por la televisión, para que aprenda algo relacionado con el dibujo?". Ellos querían que yo terminara el bachillerato, que fuera abogado o médico, pero al parecer no iba a dar en nada de eso; solo pensaba en dibujar. Santiesteban, que era muy amigo de Luis Márquez, les dijo: "Vamos a hablar con él, a ver qué dice; denme un tiempo". Pasados unos días ya había hablado con Luis Márquez y había que mandar al muchacho a la televisión.

Llego un día a CMQ televisión y Santiesteban me lo presenta. "¿Cuáles son tus inquietudes?", me pregunta Márquez, y yo le dije que sabía dibujar y que tenía facilidad para ello. Entonces me dice: "Me lo vas a demostrar. Ven mañana en ropa de trabajo, pues vas a colaborar con nosotros en el grupo de trabajo". Tuve la gran suerte de conocer a ese gran diseñador que fue Luis Márquez, y comenzar a dar los primeros pasos de su mano, pues ser alumno o auxiliar de Luis era ya un gran premio.

Efectivamente, al otro día me aparecí con unos pantalones normales, sin tanta elegancia, como cuando había ido para la entrevista de trabajo, y me pone a trabajar con él. Comencé en el taller de escenografía que estaba en el mismo 23 y L, en su grupo de trabajo, y así me fue enseñando, primero los círculos que se hacían, después los tonos, cómo se hacían las mezclas, el gris, el negro, así subiendo las tonalidades, con la mezcla de unas laticas, que eran como laticas de leche condensada, y que a un galón había que echarle tanta cantidad para ir logrando lo que queríamos, desde el gris claro hasta el negro, pues el blanco no se podía utilizar nunca en la televisión, ya que las cámaras no lo aceptaban; secretos que poco a poco iba descubriendo y que me permitirían convertirme en escenógrafo. Había encontrado lo que yo realmente quería hacer.

Siempre estaba muy interesado en ver cómo los que sabían realizaban los trabajos, me fijaba en todo lo que hacían, y de esa manera me fueron dando la oportunidad, año tras año, un día tras otro, pues eso era poco a poco.

Me llevó mucho tiempo pasar a asistente. No crea usted que fue de inmediato. Pasé algunos años de auxiliar, donde me decía: "tú montas esto y esto", por ejemplo. Me daba la oportunidad en programas como *El Circo*, algunos programas dramatizados que se realizaban completamente en vivo, donde se utilizaban paneles y otros ingenios de la época. No fue de inmediato, pasé ocho años en ese proceso de formación.

Le voy a explicar la época, era el momento de la televisión en vivo. Se hacían varios *sets*, y cuando la cámara estaba grabando o filmando, estábamos montando el otro en que se iba a continuar; mientras pasaban los comerciales, y comenzaba la trama nuevamente, la cámara volvía al *set* preparado y así sucesivamente, tantos *sets* como necesitara el programa. Había programas que podían utilizar uno solo, y otros, varios, por ejemplo, una habitación, una sala, u otros espacios.

Hay que señalar que usábamos zapatillas de goma para que no se sintieran en el *set* las pisadas, también los muebles tenían rueditas de goma, lo que permitía moverlos sin hacer ruido. Así fue como empecé en la televisión cubana.

¿Cómo entra al cine?

En 1959, al triunfo de la Revolución, casi de inmediato se crea el ICAIC (en marzo). Yo, que siempre he sido muy atrevido y eso me ha valido mucho, para el mes de julio o de agosto le escribo una carta a Alfredo Guevara, en la cual solicito pertenecer al ICAIC (le dije que era escenógrafo; era demasiado mi atrevimiento). Al cabo de algún tiempo recibí la respuesta para que me presentara a ver al compañero Julio García Espinosa, en el ICAIC. Fui un traslado de CMQ televisión al naciente cine, y comencé como asistente. Aprendí mucho con escenógrafos de la talla de Roberto Miqueli y Pedro García Espinosa. Yo era aún muy joven y constituía una gran experiencia poder estar en un *set* que se diferenciaba de la televisión, muy complejo, pues no era lo mismo trabajar para la pantalla chica que para una pantalla grande, donde se visualizaban todos las cosas o defectos que se pudieran hacer.

Alfredo Guevara y Luis Lacosta

Comencé a filmar *El otro Cristóbal*, la primera coproducción que hizo el ICAIC con Francia; después vinieron *Preludio 11* (1963), de Kurt Maetzig, con Alemania; *Para quien baila La Habana* (1963), con Checoslovaquia, realizada por Vladimir Cech.

El pasar al cine y haberme incorporado al *staff* de la primera coproducción fue una gran responsabilidad; consideraba que todavía no tenía la preparación necesaria, pero parece que con la ayuda de todos mis compañeros de aquella época realicé un buen trabajo, el cual me valió para trabajar como asistente en un filme importantísimo para los cineastas cubanos: *Soy Cuba*, coproducción soviéticocubana. Aprendí mucho con su escenógrafo, y considero que ese aprendizaje me dio la oportunidad de trabajar ya como escenógrafo, lo que se hizo realidad en el primer largometraje del director Manuel Octavio Gómez, *La salación* (1969).

Julio García Espinosa y Luis Lacosta

No obstante, tengo que decir que yo siempre he estado trabajando en la televisión; trabajé mucho en teatro y cine, he realizado programas televisivos (cuentos, telefilmes, teatros) con grandes directores como Eugenio Pedraza Ginori, Loly Buján, Antonio Vázquez Gallo, Charlie Medina, Delso Aquino, Marlon Brito y Raúl Villarreal, entre otros.

Para mí, el medio más importante que tiene el país es la televisión; llegas a las casas, la población en su mayoría te agradece y admira tu trabajo –cuando lo merece–, y eso es muy importante para nosotros los artistas.

Raúl Villarreal, director del telefime *Una flor en el barro*

### ¿Qué aconsejaría para la formación de nuevos escenógrafos?

Si fuéramos a formar excelentes escenógrafos, sería ideal que fueran arquitectos. Porque el arquitecto ya sabe cómo se puede construir un hábitat, conoce las proporciones, sabe diseñar, y de seguro realizará los planos de planta y elevación de los proyectos con más calidad y fáciles de entender por los constructores.

Como ejemplo de lo que es una escenografía arquitectónica se puede mencionar el fuerte español del primer cuento de la película *Lucía* (1968), dirigida por Humberto Solás, diseñado por Pedro García Espinosa. Se construyó sobre una estructura de madera rústica tapizada con tela de tapar tabaco y se la embadurnó con una mezcla que consistía en blanco españa, cola y yeso; se aplicaba con las manos, y al secarse quedaba tan dura como una pared real. Al terminarse toda la construcción se podía trabajar en el primer piso y en todo el cuartel, al extremo que se combatió en esa construcción por lo fuerte que quedó.

De no ser graduado de Arquitectura, es aconsejable que lo sea de Historia del Arte o graduado del Instituto Superior de Arte (ISA), donde existe la carrera de Diseño Escénico en la Facultad de Arte Teatral.

*Además de arquitectura, ¿qué otras disciplinas usted considera significativas en la formación del director de arte?*

Literatura, Historia u otras afines. Pero lo importante es estudiar siempre. Yo sigo estudiando. El director de arte es la mano derecha del director y debe tener vastos conocimientos de las artes en general, historia del vestir, decoración, historia del mueble, bisutería y todo lo que pueda ser útil para desempeñarse mejor.

Hay que conocer los tipos de sociedades, las épocas, y llegar a un trabajo conociéndolo bien; yo siempre he aconsejado y le digo diariamente a los muchachos jóvenes –que son los que se quedarán por nosotros– que no tengan temor, que pregunten, que estudien, que indaguen en las bibliotecas, que busquen las distintas épocas que hay: el barroco, el renacimiento, todas, y siempre oír consejos de otros, con experiencia o no. A veces los jóvenes me preguntan: "¿Por qué no hacer esto o lo otro?", y analizo y digo, sí tiene razón, pues los jóvenes llegan con una mentalidad muy fresca. El trabajo es un trabajo colectivo, y si queda bien el trabajo nuestro, quedará bien todo el trabajo, pues repito, es un trabajo colectivo.

*Hay algo que usted ha señalado ahora y que me suscita una interrogación, ¿es igual escenógrafo que director de arte?*

El director de arte tiene que ver con varios especialistas, escenógrafos, ambientadores, diseñadores de vestuario, maquillistas, peluqueros, y en ciertos momentos, con efectos especiales del *set*. En cambio, el escenógrafo realiza los diseños, planos y está presente en las construcciones; también trabaja directamente con la ambientación, para entregarle el *set* terminado al director de arte. Históricamente en el cine y la televisión nosotros utilizamos la palabra **director de arte** para quien trabaja estrechamente unido al escenógrafo.

El director de arte siempre asesora al director, trabaja con el escenógrafo, con el ambientador, con el vestuarista, con el maquillador, con los efectos especiales; es el que aglutina todas estas especialidades. Un director de arte debe tener conocimientos de escenografía, vestuario y maquillaje, porque tiene que discutir con muchas personas y discutir con base; debe ser escenógrafo, tener conocimientos de decoración, de las distintas épocas; no es que sea maquillista, pero debe tener conocimientos del estilo de maquillaje y peluquería; por ejemplo, no todos los rostros son iguales, los hay redondos, cuadrados y ovalados, y hay que valorar esto para saber qué le queda mejor al actor, y es por eso que debe tener todo ese conocimiento.

En la fase de filmación debe estar todo el tiempo junto al director, para observar cualquier error que pueda verse a través del monitor. Me he encontrado con casos en que he tenido que parar una grabación al ver en el monitor errores; resulta más fácil arreglarlos en esos momentos que tener que lamentarlo después de terminado el trabajo y ya no se pueda arreglar. Como podrá apreciarse, existe gran diferencia entre el director de arte y el escenógrafo. Hay que buscar y tener muchos conocimientos. Cuando el director va a hacer una obra, por lo regular el director de arte va delante, pensando y estudiando varias posibilidades; puedes o no estar de acuerdo con el director, pero tienes que tener propuestas, qué es lo mejor para el trabajo.

¿Cómo definiría la dirección artística?

Desde un punto de vista "profano", no se entiende muy bien lo que es la dirección artística; se confunde si es dirigir a los artistas, a los actores, y hay quienes creen que es eso. Pero realmente se trata de diseñar el cincuenta por ciento del lenguaje cinematográfico, lo que se ve. La mitad de la comunicación con el espectador es visual; lo que se diseña y construye es parte de lo que se quiere decir. La base de la dirección artística es la escenografía, los decorados, pero también es elegir los paisajes, diseñar la caligrafía de un personaje, decidir qué marca de tabaco tiene que fumar, decorar su casa, saber qué muebles tiene que tener, cómo tiene que vestir. Dar personalidad a un personaje de ficción, eso es la dirección artística. Crear todo un mundo, una atmósfera, un clima que ayuda a contar dramáticamente una acción.

Hay quienes trabajan en la dirección de arte y se quejan de que se los llame "decoradores".

El origen de la palabra viene del inglés ***art director***, que a su vez viene de los comienzos del cine de Hollywood, en que los constructores de decorados y los diseñadores eran los ***technical director*** y los ***art director***, que al final se refundió en uno solo. Pero realmente eran arquitectos, escenógrafos de teatro y de la ópera, que a su vez formaban parte, con los constructores, de unos oficios que entonces no tenían una definición clara.

Aquí se ha asimilado director artístico por *art director*, pero en otros países como Alemania se llama ***film architecting***, es decir, arquitecto cinematográfico; en Francia se llama arquitecto decorador, y en Italia, escenógrafo. Lo de decorador es una deformación lingüística porque en el diccionario de la Real Academia de la lengua dice "decorador: el que decora casas, el que amuebla casas". Realmente nuestro oficio es la escenografía, pero el origen de la escenografía es teatral.

Si el origen del cine es con telones pintados y una cámara fija –como es la escenografía de teatro–, desde el momento en que la cámara se mueve, los decorados tienen que ser tridimensionales, con lo cual su forma ya no solamente es como una pintura, sino que tiene cuerpo. Además, hay otro elemento, que es el *atrezzo*, los elementos que juegan dramáticamente y que poseen los personajes.

Todo eso es el trabajo del director artístico; lo tiene que pensar, diseñar, buscar, para que sea utilizado en una película con un argumento determinado. Hay otro problema con lo de la dirección artística que está mal empleada en España, porque según el diccionario los directores artísticos también son los que en el teatro, la ópera, e incluso en las orquestas, programan las actividades, seleccionan y hacen los programas de sus teatros o compañías. Nosotros nos llamamos **director de arte** por afinidad con el inglés, pero no por otra razón. Tendríamos que inventar una palabra, porque la de directores artísticos ya está registrada y es otro su contenido. Yo me inclino más por **director de arte**, que no consta todavía en el diccionario, aunque en publicidad hay director de arte, pero hacen otros trabajos, tienen otra finalidad.

¿Qué departamentos son los más cercanos a la dirección de arte?

El vestuario, el maquillaje y la peluquería forman parte de la escenografía –dicho entre comillas y globalmente, todo lo que tiene forma y color–. Y luego, fundamentalmente, la fotografía. Si no hay fotografía no hay decorados, y hay buena fotografía cuando hay buenos recursos que fotografiar.

Cuando diseño un decorado lo veo con luz; no sé si es la luz que está pensando el director de fotografía, pero el ambiente que estoy diseñando cuenta con su fotografía y su luz determinada. La complicidad entre el director, el director de fotografía y el director de arte es indispensable, si no cada uno haría una película diferente. Creo que la labor del director es hacernos cómplices.

¿Cómo se compone generalmente un equipo de arte?

El departamento de dirección artística o de escenografía es el departamento del diseño, es decir, está el director de arte, sus ayudantes, sus auxiliares; es el departamento que concibe y diseña todo lo que se va a hacer. Luego, otros departamentos que dependen de la dirección artística son los que plasman todo eso: la construcción, el *atrezzo*, la utilería y, por afinidad de trabajo, los efectos especiales y el vestuario. La caracterización o el maquillaje van, a su vez, unidos al vestuario; todo va unido por una progresión, pero las caracterizadoras, maquilladores y figurinistas tienen autonomía propia. No pueden trabajar si no están bajo supervisión de la dirección artística, o por lo menos bajo unas pautas, porque sería un error terrible; no podemos cambiar los decorados en función de una equivocación de un vestido, sin embargo, un vestido sí se puede cambiar; no es solo por una cuestión estética y funcional, sino práctica también.

Cuando se diseña el arte de una película, todo lo que tiene cuerpo, todo lo que visualmente va a crear un ambiente o una atmósfera, se concibe pensándolo en conjunto. Es decir, ves a los personajes vestidos puntualmente, ves los decorados y los paisajes con unos tonos, con unos colores, con unas formas, con una intención. Si eso es aceptado por el director y respaldado por la producción, lo único que tienes que hacer es el seguimiento de la plasmación de todo ese proyecto pasando por la construcción, el *atrezzo*, el vestuario, la utilería.

¿El regidor pertenece a producción o al departamento de arte?

El regidor en ningún otro país se llama así; en toda Latinoamérica se llama utilero a la persona que se ocupa especialmente de la utilería, el *atrezzo* pequeño, las cosas manuales, lo que hay que conseguir con mayor puntualidad porque se van a ver más, como puede ser una fotografía antigua, el mechero, la pluma estilográfica que va a utilizar el actor. Es la parte pequeña y puntual, no solamente por guion sino por requerimientos del director artístico.

¿Cómo trabaja el equipo de *atrezzo*?

El equipo de *atrezzo* es un departamento con dos finalidades: montar los decorados bajo la dirección del director artístico y mantener el rodaje. Este equipo va por delante en el montaje del mobiliario, mientras otro está en el rodaje, y se ocupa de que el decorado, presentado y aceptado, se mantenga con los cambios previstos y en las condiciones necesarias para rodar.

El orden siempre debe ser: primero entra la construcción y después el *atrezzo*. Cuando se diseña el decorado se hacen primero los bocetos artísticos para que se recoja y se refleje la idea, y para que el director y el director de fotografía puedan entenderla. Hay toda una técnica de proyecto de escenografía, se plantea una línea de color y una serie de muestras de cómo se pretende que quede finalmente la película. Es como presentar unos cuadros, unas pinturas, unos dibujos de cómo queremos que sea y se vea la película acabada, eso sirve como orientación para que todos nos entendamos, hablemos un mismo lenguaje, porque suele ocurrir que hablamos de una cosa muy simple como los colores y yo digo "amarillo" y seguro que tú piensas en un amarillo diferente al que estoy pensando yo, porque hay muchas gamas, muchos matices.

Para que no haya confusiones ni en la forma ni en la plástica (que es la forma y el color), se hace un proyecto en el que se diseña de una forma artística lo que va a ser el resultado final y, a su vez, de ahí se hacen los planos técnicos para que todo eso se pueda plasmar, que es llevar a cabo todo eso que se ha diseñado, hacerlo realidad, hasta el momento de rodarlo.

Y la tercera fase es mantener lo que se ha hecho.

¿Antes de empezar el rodaje deben estar todos los decorados terminados?

Todo debe estar completo, aunque alguna vez queda colgada una localización porque se da por hecho que no es importante, o porque ha habido dificultades para encontrarla, y se va postergando, y al final hay que encontrarla con urgencia. Pero la clave de un buen trabajo de dirección artística es que todo esté preparado antes de rodar.

Hay muchos productores reticentes a incorporar el equipo mucho tiempo antes porque supone dinero, pero también es verdad que es peor tener que hacer cambios en el plan de rodaje por no haber tenido todo preparado. Desde mi punto de vista, es mucho más rentable una buena y eficaz preparación antes de empezar el rodaje.

*¿En cuánto tiempo se prepara la dirección artística de una película?*

Cada película tiene un tratamiento y un presupuesto diferentes; normalmente las películas de época requieren de mayor tiempo, lo que no quiere decir que por eso sean más difíciles. Son más complejas de elaboración porque hay que manipular muchas más cosas que en una película actual, pero también una película actual puede ser complicadísima, incluso considero que a veces tiene más valor hacer una buena película actual, que recoja perfectamente la atmósfera que necesita el argumento y sea visualmente muy atractiva, que una de época.

Porque en las de época, lo que no sabemos lo inventamos; tenemos más recursos, podemos engañar más, y de elaboración es relativamente compleja. Si tienes que hacer un decorado del siglo XVII, arquitectónicamente puede ser igual de complejo que uno actual, pero en lo que es la ambientación de esa época es otra, caballero y rey: había dos sillones, una cama y un armario; ahora tenemos un teléfono, unas gafas, tenemos una cantidad de elementos modernos que incorporar.

Desde luego, me resulta mucho más fácil hacer una película de época que una película actual. El tiempo de elaboración depende mucho del argumento, pero lo habitual, por poner un término medio, es que el director de arte sea el primero que se incorpora, junto con el director y el director de producción. Puedes estar hasta un año preparando una película, pero para una película de seis semanas de rodaje, de época actual, suelen darte dos o tres meses.

*¿Es tiempo suficiente?*

Nunca es suficiente.

### En el caso del director de arte y del escenógrafo, ¿siempre trabajan con un mismo equipo?

Mira, lo ideal para un director de arte es trabajar siempre con el mismo equipo, o sea, escenógrafo, ambientador, diseñador de vestuario, y hasta si es posible con el mismo maquillista, pero hay veces que tenemos que trabajar con el personal que esté disponible, aunque sí, debemos escogerlos nosotros. Te aclaro que en ese aspecto casi siempre he tenido suerte y trabajo siempre con mi equipo de especialistas.

¿Sabes por qué? Me considero bastante exigente y ya me conocen y saben que mientras no se ha realizado un buen trabajo con calidad y de acuerdo con los proyectos no doy el visto bueno.

### ¿Cuándo da por terminada la fase de construcción escenográfica y ambientación?

Una vez aprobadas las locaciones. El escenógrafo es el que diseña, hace los planos y los proyectos, y una vez aprobados, comenzará a dirigir las construcciones, si están planteadas o si fueran escenografías naturales, y ver según la trama qué se necesita para ambientar o construir elementos adicionales.

La fase de terminación de un trabajo de construcción escenográfica es cuando el director lo ha aprobado todo, pero ya aprobado todo, cuando estamos ensayando podemos darnos cuenta de que hay algo que podemos mejorar aún más, y en un breve tiempo realizamos esos cambios, que van desde mover un mueble a cambiar adornos.

### ¿Cuál es a su criterio la relación del director de arte con el director?

El director de arte y el director de fotografía son la mano derecha del director. En nuestro caso, después de leer el libreto, es quien puede sugerirle las locaciones tanto de exteriores como de interiores, si son escenarios naturales o ya construidos y en el caso de construcciones en estudios, el director de arte es quien sugiere –junto con el escenógrafo– y define los espacios a construir donde se han de mover los actores según la puesta en escena. Propone junto con el director de fotografía los colores y atmósferas que deben tener las escenas.

**¿Qué relación hay entre el director de arte y el director de fotografía?**

Somos los mayores colaboradores artísticos del director, pues estudiamos junto con él la puesta en escena, colorido, atmósferas y todo lo que el espectador verá en las pantallas.

Estudiará junto con el director de fotografía las angulaciones de cámara, las distintas iluminaciones y hasta de ser posible algunos encuadres, donde pueda verse reflejada mejor la ambientación que predomina en algunos momentos según la trama.

En una película, es muy importante tener las angulaciones, y esas angulaciones se utilizan en los planos de plantas que uno hace, dónde colocar los muebles, y en esos planos, con las angulaciones puedes ver lo que cada lente abre, y de ese modo no desaforar el encuadre y descubrir los terminales de las construcciones escenográficas.

Este método es poco usado en televisión, pues ahora en los telefilmes es muy usual que los directores de fotografía trabajen con la cámara en mano, pues las tecnologías han propiciado cámaras mucho más livianas.

Es muy importante a la hora de iluminar un *set* tener en cuenta el color dado a las paredes y el vestuario, pues este, mal utilizado sobre un color ya existente, nos puede cambiar todo el ambiente deseado; es por eso el trabajo tan unido que debe existir entre estas dos especialidades artísticas. En estas especialidades de directores de fotografía tenemos grandes artistas como Roberto Mera, Huberto Varela, Raúl Rodríguez, Raúl Pérez Ureta y Ángel Alderete, entre otros

**¿Cómo usted analiza el guion, y en él, el sujeto, el sujeto real, el sujeto virtual y el que recibe la obra?**

Se estudian los personajes al estudiar el libreto, por ejemplo, podemos ver que el actor está en la habitación, pero, ¿quién es el actor, y cuál es el *set* que tiene que tener ese personaje?; se trabaja para un sujeto, que encarnará el actor, lo tienes que ver como persona, tiene que ser creíble, y es un trabajo muy importante dentro de la dirección de arte; no es montar por montar el personaje, la puesta en escena y lo que quieres representar dentro de la puesta en escena. Y por último, cómo y dónde se proyectará el audiovisual, de ahí el referente del receptor de la obra. Todo ello debe tenerlo en cuenta el director de arte a la hora de hacer sus propuestas, en correspondencia con el guion que le fue entregado como documento primario que el contribuirá a enriquecer.

*¿Cómo usted se plantea las locaciones, tanto en interiores como en exteriores?*

Yo soy partidario de trabajar siempre en estudio, pero en estudio casi siempre hay que gastar madera, un material bastante costoso y deficitario; entonces, por lo regular, hay que buscar locaciones en exteriores. Tenemos que ver la magia de las locaciones, pues a veces nos encontramos con el lugar idóneo y con la persona idónea, pero la ventana o la puerta no están en los lugares necesarios, o no la tienen donde la habías pensado, y hay que adaptarse a esta alternativa que buscaste naturalmente: hay que pintarla y / o restaurarla completamente, por lo que es más cómodo trabajar en el estudio. En una locación escogida, donde vive una familia, se dificulta mucho trabajar, pues la mayoría de las veces tienes que cambiarle la decoración a la vivienda, el estilo de vida, y estar expuesto a que constantemente se esté moviendo la ambientación de un día para otro. En este caso, tenemos que apoyarnos en los anotadores y en la fotografía fija para tener perseverancia de lo ya se ha grabado o filmado. Cuando se va a construir un *set*, debemos tener muy en cuenta a lo que se le llama "la cuarta pared", que no es más que las paredes sean desmontables, para que en momentos determinados podamos quitarlas y permitir que la cámara pueda retroceder y tener más espacio para sus movimientos, facilitando así la filmación en el interior del *set* y trabajar mucho más cómodo. Cuando esto no ocurre, nos encontramos con que el espacio es muy reducido y únicamente tenemos que utilizar lentes muy anchos para que se puedan distorsionar las imágenes.

*Usted trabaja en "unitarios", ¿no le gusta la telenovela?*

Mira, la telenovela se demora mucho para grabarse, puedes estar hasta nueve meses o más trabajando para terminar su grabación; es verdad que este trabajo es muy reconocido por los espectadores, la población lo ve diariamente, puedes estar al tanto de las opiniones e inclusive logras tener más reconocimiento, pero yo prefiero los cuentos, telefilmes y todo lo que sea unitario. Son más rápidos de trabajar y más ricos en ambientes y épocas.

*¿Cuáles serían las obras que usted recomendaría para ver y analizar por los jóvenes escenógrafos?*

Ante la imposibilidad de acceder a programas de las primeras décadas de existencia de nuestra televisión, por fortuna, a través del formato de DVD, pueden ponerse en contacto con obras contemporáneas.

Yo recomendaría *Los heraldos negros*, de Charlie Medina; *La casa del anticuario* (2009), *La luna en el agua*, *El eclipse*, *Mejilla con mejilla* (2012), estos últimos de Delso Aquino. *La casa del anticuario* fue un trabajo muy difícil de realizar, pues necesitábamos un gran lugar donde pudiéramos ambientar la casa de un anticuario y que tuviera características especiales, donde este anticuario (con esa fachada) también se dedicaba a realizar reducciones de personas, las cuales conservaba en botellas; estuvimos varios días en busca de este local y cuando lo encontramos tuvimos, junto con el escenógrafo, que reajustar todo su interior para crear con escaleras falsas un desnivel y de este modo ubicar detrás del lugar de venta de antigüedades el lugar donde este individuo con fachada de anticuario reducía a las personas. En el trabajo con Delso Aquino se hizo un estudio muy detallado, cómo se fue transformando el personaje, y ello definía cómo iba cambiando la ambientación de esta casa.

Otro trabajo con el que me sentí muy satisfecho fue con *Los heraldos negros*, donde hubo una labor muy cuidadosa, tanto del realizador como del director de fotografía. La labor del director de arte en este caso estuvo muy unida a ellos. A veces se dificulta mucho encontrar los interiores, y en este caso el director fue el que sugirió una casa que tenía lo que necesitábamos y solamente era necesario una buena ambientación según los requerimientos de los personajes.

*¿Qué les recomendaría a los jóvenes que comienzan a transitar por los senderos de la escenografía o de la dirección de arte?*

Primero estudiar. Estudiar historia del arte, dibujo, historia, literatura. Actualizarse en las técnicas contemporáneas. Ver mucho cine y televisión. Rastrear y encontrar los clásicos del cine y analizar las soluciones que les dieron desde lo artístico. Asistir a las funciones de teatro, de ópera, de ballet. Buscar información donde quiera que ella esté. Oír a los que tienen experiencia o han transitado un largo camino. Confrontarse con sus coetáneos. No imponer criterios, respetar al director, él es el máximo responsable de la obra audiovisual. Leer entre líneas los guiones, leer los originales cuando se trate de adaptaciones, buscar referentes de la obra. Observar, preguntar, cuestionar lo hecho.

¿Qué lega Luis Lacosta como director de arte después de cincuenta años de trabajo ininterrumpido?

Un trabajo, como bien dices, de más de cincuenta años con logros y deficiencias, como toda obra humana, pero hecha con amor y entrega. Por eso he querido dejar este texto, que sería algo así como mis experiencias acumuladas. Espero sea útil.

Luis Lacosta no es dado a hablar de sus méritos, condecoraciones y distinciones recibidas, por lo que haré mención solo de algunas de ellas, esas que le han reconocido una vida de más de cincuenta años dedicados al arte:

### Medalla «Alejo Carpentier»
### Condición Artista de Mérito del ICRT, 24 de mayo 2012
**Luis Lacosta Alverich**

Medalla ``Raúl Gómez García´´; Medalla ``Calixto García Iñiguez´´; Orden por la Cultura Nacional de la República de Cuba

Premio Caracol (1985) por el filme *Túpac Amaru*

Premio de Espectáculos (1985) del Ministerio de Cultura de Cuba

Premio en los Festivales de la Radio y la Televisión en los años 1985 y 1986

Premio de Diseño (2001) del Ministerio de Cultura, por la obra de danza *Dador*

Diploma Tomás Gutiérrez Alea de la UNEAC. Diploma Nicolás Guillén de la UNEAC. Diploma 50 aniversario del ICAIC.

Premio a la Dirección de Arte por *La casa del anticuario* en el Festival Internacional de la Televisión 2012

## Delso Aquino entrevista a Luis Lacosta,
director de arte de *Mejilla con mejilla*

**La escenografía de *Mejilla con mejilla* es casi una obra de arte. Conocemos del tesón que impone en todos sus trabajos, ¿pero para este telefilme hubo alguna motivación especial?**

Mira, no considero que este trabajo de escenografía sea una obra de arte, considero que es un trabajo que fue realizado con mucho cuidado, muy estudiado y sobre todo con mucho amor.

Rosita Fornés y Luis Lacosta durante la filmación del telefilme *Mejilla con mejilla*

Es verdad que trabajé con mucho tesón como tú dices, pero soy muy preciosista y me gusta que todo quede como me lo imagino a la hora de proyectar un diseño, y también me preguntas cómo pude sentirme al trabajar con unas figuras tan prominentes como Rosita Fornés y Jorge Losada. Pues bien, te diré que muy feliz y muy confiado, pues todo fue armonía y seguridad, que nos brindó el trabajar con ellos dos; en todo momento se respiraba un aire positivo y de tranquilidad que nos envolvía a todos, y eso por supuesto es muy importante a la hora de realizar un trabajo que requiere de muchos factores.

*Se sabe que cuida hasta el último detalle y no se puede filmar si todo no está en perfecto orden. ¿Ha provocado retraso en las filmaciones por esta razón?*

Me he caracterizado en todos los años de trabajo en el teatro, el cine y la televisión por ser muy minucioso en mis escenografías, y antes de entregarle el *set* al director, lo reviso al detalle con todos los especialistas que trabajan conmigo, y mientras no quedo conforme con la labor realizada no lo doy por terminado, y en este caso, casi siempre no permito que el director entre al *set* hasta que doy el visto bueno.

Es posible que en algunos momentos haya retrasado un poquito las filmaciones, pero ha sido en bien de la calidad visual, pues mi temor es que una vez filmada la escena y se continúe para otra, la mayoría de las veces es imposible volver atrás para arreglar los errores.

*¿Cómo fue su relación con el director Delso Aquino durante el rodaje? ¿Había trabajado antes con él?*

Las relaciones con Delso Aquino fueron, como siempre, extraordinarias. Yo siempre digo que excelentes. Trabajar con un director como él es ir al seguro; cuando digo ir al seguro, quiero decir que el resultado final es un trabajo que a todos gusta por la calidad y porque siempre son llenos de éxitos.

He tenido la suerte de que en casi todos los trabajos que él ha realizado he sido su director de arte, y también me he acostumbrado a tal punto a trabajar con él, que en cada trabajo sé lo que él necesita y eso ha llevado a una gran "química".

*¿Cómo fue su comunicación con el **staff**: director de fotografía, sonido, producción, maquillaje, en fin, con todo el equipo?*

Con el *staff* todo fue maravilloso, era un grupo de excelentes especialistas, con mucha experiencia y buen gusto, y además, con muchos de ellos había trabajado varias veces y eso es muy bueno, pues sabes lo que cada uno puede dar en un proyecto tan complejo como *Mejilla con mejilla*.

Carlos Cordero y Martín Quintero, escenógrafo y ambientador, junto al autor en la filmación de *Mejilla con mejilla*

Roberto Mera es un gran artista, y por suerte, casi siempre también trabajamos juntos en la mayoría de los proyectos, pues como ya nos conocemos, sabemos cuáles son nuestras necesidades y nuestros gustos.

En mi caso, siempre trabajo con el mismo escenógrafo, y de ser posible, con el mismo ambientador, pues este trabajo que realizamos nosotros es un trabajo de colectivo, y siempre debemos, por lo regular, estar en la misma cuerda creativa.

## Baltasar Santiago Martín entrevista a Luis Lacosta
(fragmentos de la entrevista)

**Luis Lacosta y su compromiso con el arte**

¿Cómo fue que el niño Luis Lacosta se logró "colar" en la CMQ de Goar Mestre?

Empezaré por decirte que mis padres eran muy amigos de un agente de la pasta Gravi (una pasta dental que se fabricaba en Cuba, en Jovellanos) y en CMQ Televisión estaban buscando muchachos para un comercial, con tan buena suerte que, con su ayuda y por haberle gustado a la firma Publicitaria Siboney, me escogieron y durante varios meses, junto a una muchachita, nos cepillábamos los dientes frente a las cámaras, anunciando de esta forma el producto. El programa se llamaba *El sheriff Gravi* y el actor que conducía el programa era Paul Díaz, pero mis inquietudes no eran ser actor, ya que mirando los decorados de los estudios de la televisión sentí la necesidad de trabajar en los departamentos de escenografía, que dirigía el escenógrafo —y maestro de esa especialidad en Cuba— Luis Márquez. Un tiempo después comenzaba como auxiliar en el departamento de escenografía y luego como asistente. Estuve trabajando en la CMQ hasta el año 1962, en que pasé oficialmente por un traslado de trabajo para el Instituto Cubano del Arte e Industria Cinematográficos (ICAIC).

¿Cuál fue la primera película en la que te encargaste ya por completo de la dirección de arte?

Bueno, después de haber realizado muchas asistencias en grandes co-producciones, como la francesa *El otro Cristóbal*, dirigida por Armand Gatti; y la cubano-soviética *Soy Cuba*, de Mijail Kalatozov, se me acercó Manuel Octavio Gómez para proponerme la escenografía de su primer largometraje, que se llamaría *La salación*, la cual realicé con mucho éxito y me valió que desde ese momento comenzara a hacer la escenografía de muchos largometrajes, documentales y musicales con grandes directores del cine cubano; te puedo decir, para no hacer muy larga la lista, que he trabajado en más de ochenta largometrajes, más de cien documentales y cortos de ficción y también, desde hace cinco años, he realizado más de treinta telefilmes, como *Operación Casting* (2010) y *Leña de soledades* (2011), para la televisión cubana y directores independientes.

De todos los filmes cubanos y coproducciones que has hecho como director de arte, ¿cuál te ha dejado más satisfecho?

Mira, te he mencionado algunos de los filmes que han sido más significativos en mi carrera, pero, si se trata de hacer una estricta selección, te diré que *Los días del agua*, *El hombre de Maisinicú* y *Retrato de Teresa*, por sus complejidades, las actuaciones y sus directores, que cuando llegaban al *set* a dirigir a los actores se encontraban siempre con todas las decoraciones listas para comenzar, por lo que confiaban plenamente en el resultado de mi trabajo.

¿Con qué directores y actores te has sentido mejor trabajando?

He trabajado con muchos directores en largos y medios metrajes, pero mis directores preferidos, con los que me he sentido más cómodo en el cine, han sido Manuel Octavio Gómez (al que considero que algún día habrá que darle un muy merecido homenaje) y Pastor Vega, y en la televisión, Delso Aquino, un director que ha realizado los mejores tele-filmes cubanos, como *La luna en el agua*, *El eclipse*, *Operación casting*, *Inevitable* y *Mejilla con mejilla*, telefilme protagonizado por la gran *vedette* Rosita Fornés.

Telefilme *Mejilla con mejilla*, con Rosita Fornés y Jorge Losada

*Precisamente, de* Mejilla con mejilla, *¿qué fue lo más impactante de la filmación?*

Mira, ya el trabajar con Rosita Fornés es de por sí impactante, imagínate ser el director de arte de esa maravillosa mujer, ¿cuántos artistas no quisieran tener el privilegio de verla actuar todos los días, de compartir con ella, de juntos escoger el vestuario, de que le guste tu escenografía, tu ambientación?; en fin, yo considero que fui un director de arte privilegiado. Ella es muy amiga mía, incluso hemos trabajado fuera de Cuba en zarzuelas, como la última que realizamos juntos, *María la O*.

*¿Cómo ves el estado actual del cine y de la televisión en la isla?*

Mira, te voy a decir una opinión muy particular: desde hace mucho tiempo el cine cubano ha perdido mucha calidad. Desde *Los dioses rotos*, del director Ernesto Daranas, y *José Martí. El ojo del canario*, de Fernando Pérez, no me he encontrado ningún otro filme con la calidad de estos dos.

En cambio, en la televisión considero que los proyectos —como los telefilmes— cada día están mejores, con directores jóvenes con muy buenas ideas, arriesgados, que plantean situaciones que podemos encontrar diariamente en Cuba; denuncias de cosas, críticas y más aún, cómo resolver muchos problemas que hoy en día todavía no están resueltos en la sociedad cubana. Es por esto que creo que poco a poco la televisión está ocupando su verdadero lugar a la hora de exhibir los materiales que se están realizando.

# Recuerdos de cosas que a veces suceden en una filmación

*"El hombre usa sus antiguos desastres como espejo".*

ROQUE DALTON

Anécdotas de las filmaciones pueden ser muchas, algunas de cómo hicimos determinados filmes y qué dificultades pudimos sortear, otras son de la vida en ese mundo de realidad-irrealidad que vivimos cuando hacemos arte. Compartir estas experiencias resulta grato.

Cuando se preparaba la filmación de *El brigadista* (1977), del director Octavio Cortázar, con el propósito de satisfacer las necesidades del guion, se pusieron en contacto con la Academia de Ciencias de Cuba, para que se nos autorizara capturar, sacrificar y embalsamar al cocodrilo más grande que se encontraba en el vivero de la Ciénaga de Zapata.

Una vez aprobada nuestra solicitud, se procedió a la preparación del mismo, el cocodrilo en cuestión tenía 14 pies de largo y una edad de 80 años. Para el efecto especial se contó con la cooperación de nuestro querido Roberto Miqueli, se trabajó con el objetivo de simular que dicho animal estaba vivo y que nadaba en el agua, movía la cola, abría y cerraba la mandíbula: ya en pleno rodaje, escogimos una tarde para hacer la prueba, pues la filmación con los muchachos y el cocodrilo sería, dos o tres días después.

¡Cuál no sería la sorpresa de todos los presentes en la prueba, uno de los asesores de Octavio Cortázar, que era además experto cazador de cocodrilos, nos comunicó que el *truco* no servía, ya que el animal no movía realmente la mandíbula de arriba, sino tan solo la de abajo, ante esa situación se optó por filmar sin que moviera ninguna de las dos. El día de la filmación, y en el primer ensayo, producto de un corte en los mecanismos, no funcionó nada electrónico, por lo que la escena se tuvo que filmar gracias a la astucia de uno de los actores que empujó todo el tiempo el cocodrilo por debajo del agua.

Otro momento interesante fue cuando se filmaba la película *El ranchedor*, del director Sergio Giral. Se había preparado el *set*, para la secuencia de la venta de esclavos, y se iba a comenzar el ensayo. Se me acercó el director, Sergio Giral, para preguntarme por el personaje del vendedor de esclavos, que era oriundo de esa ciudad, cuando se le preguntó al asistente de dirección encargado de los actores, nos respondió que dicha persona no había venido al llamado.

Ante esa situacion y en aras de no perder el día de filmación, se tomó la decisión de que el productor Sergio San Pedro fuese el vendedor de esclavos, ya que por su figura se acercaba más al personaje que había diseñado el director y así quedó plasmado en el filme, teniendo este imprevisto un final feliz.

En el segundo cuento de *Lucía*, del director Humberto Solás, se debía filmar un encuentro entre las huelguistas y los policías a caballo que arremeten contra estas para romper la manifestación. La escena se desarrolló en el Parque Central frente al teatro Terry, en Cienfuegos.

Para esta secuencia se había diseñado unos toletes o *clups* de la policía de la época, de manera que los golpes con los mismos no dolieran. Las huelguistas portaban telas con consignas de ¡Abajo Machado! y otras. Humberto Solás y Jorge Herrera acordaron que se haría con una toma única y tres cámaras en mano. La escena se realizó después de un estudio en una planta a escala del lugar, de cómo entrarían las huelguistas, la policía a caballo y la situación de las tres cámaras. La producción había previsto ambulancias y enfermeros en caso de accidentes y de riesgos posibles en estos casos.

A la voz de ¡acción!, y establecerse la pelea resultó que a los toletes o *clups* se les despegaron los plásticos porque el pegamento que se utilizó no dió resultado y los policías siguieron peleando con el pedazo de madera duro que quedaba. Las huelguistas sentían los golpes y Humberto Solás, el director, no daba la voz de ¡corte!

En revancha, las huelguistas con los palos que llevaban en las telas le entraban a porrazo a los policías. Cuando Humberto ordenó el ¡corte!, como todo había quedado muy bien los felicitó, porque la escena resultó de maravilla, sin nunca saber que la filmación de esa secuencia había sido real.

Para el filme *Aventuras de Juan Quinquín*, de Julio García Espinosa, en una de las escenas, hacía falta un león. Trabajamos con uno llamado *Caramelo*. Para poder transportarlo desde La Habana hasta el pueblo de Arimao, cerca de Cienfuegos, se diseñó una jaula con ruedas de goma de automóviles, que fue enganchada detrás del camión en que se llevaba toda la utilería, en la cabina de este transporte iban junto con el chofer el domador y el ambientador.

No había pasado una hora de viaje de pronto se acerca un policía en motocicleta, que nos comunicaba que la jaula que se llevaba detrás se había soltado saliéndose de la carretera.

Podrán imaginarse la gran preocupación que esto nos causó, se regresó inmediatamente al lugar, donde podíamos sentir los rugidos del león como a cien metros de distancia.

El chofer se negó a acompañarnos en la búsqueda de tan preciada utilería. Fuimos juntos el domador con su látigo y el ambientador. Por suerte el león continuaba dentro de la jaula mirándonos con ojos aterrorizados y temblando por el susto que había pasado.

Lo que le pasó a Pepe Yoyo en el rodaje de *El hombre de Maisinicú*. En este filme trabajó un actor, que encarnó el papel de Pepe Yoyo, un colaborador de bandidos y que laboraba en la finca que administraba Alberto Delgado.

Este actor compartía su tiempo de rodaje con clases de actuación que impartía en La Habana; nosotros, por otra parte, rodábamos y vivíamos en Trinidad.

El papel que tenía, requería de llamados intermitentes, por lo que puso como condición que había que llevarlo y traerlo a La Habana luego de su rodaje. El productor, conocedor de la importancia del actor en la trama, había quedado en cumplir ese acuerdo, aun con lo que significaba mandarlo en un carro a tan gran distancia.

Pero quién iba a suponer, que en el transcurso de la filmación, se enamoraría de una de las maquillistas de la película, por lo que le solicitó a la producción que lo dejaran viviendo en Trinidad, pues el viaje a La Habana era muy agotador y quería estar allá, aunque hubiera tiempo entre sus llamados alegando que «ya sus clases no eran tan importantes».

El productor aceptó este nuevo requerimiento, quedando así el actor cerca de su amor.

En una importante secuencia que rodábamos, sucedía que Cheito León, jefe de la banda, quien, según el guion, partiría por vía marítima en los próximos días para Estados Unidos, estaba celebrando con comida y ron, por este motivo en la escena se había sacrificado una res.

En este plano-secuencia Pepe Yoyo aparecía comiendo un suculento trozo de carne de res, y la maquillista que a esta altura ya estaba noviando con él, le había pedido que le diera y guardara de su comida, pero alguien que estaba oyendo la petición corrió la voz para mortificar y tratar de realizarle una broma a la pareja.

En cada toma siempre insistían que era necesario ver a Pepe comiendo y a la quinta toma, Pepe Yoyo se las arregló para dejar intacta la carne. El actor Reinaldo Miravalles, que interpretaba el papel de Cheito León y estaba también en el complot, antes de terminar la toma se viró para Pepe Yoyo y dándole un manotazo a este, gritó: «Te dije que te comieras la carne». Con el golpe que le dieran la comida voló y cayó en el fango, frustrando de esta forma la petición realizada por la novia. Esta fue la última toma de este plano secuencia que se rodó. Imagínense la cara del actor que no pudo cumplir la promesa para con su amada.

Epílogo: Este romance tuvo un final feliz, pues se casaron tuvieron hijos y fueron muy felices.

Una vez se corrió la noticia de que detrás de los Estudios Fílmicos de Cubanacán, pertenecientes al ICAIC, se había encontrado un cementerio, ¡Imagínense que clase de noticia y cuántas especulaciones alrededor de ella!

Un cementerio con tumbas que tenían lápidas de mármol y granito, con cruces a relieve y adornos propios de esa construcción como es habitual.

Todos los elementos los habíamos traído de varios cementerios que nos los habían proporcionado.

Esta escenografía del cementerio la hacíamos porque por producción era más fácil y cómodo filmar fuera de un cementerio real, para evitarle molestias a las familias que, diariamente, visitaban ese lugar, y también para poder colocar la cámara y las luces de acuerdo con las escenas que se debían filmar, y que entre ellas había una con un tiroteo que terminaba en una gran reyerta.

Había pasado mucho el tiempo y ya todos nos habíamos olvidado de esa construcción, es decir, de esa escenografía que había realizado Pedro García Espinosa, con la colaboración de los también escenógrafos Roberto Miqueli, Roberto Larrabure y Luís Lacosta, junto con un gran equipo que tenía carpinteros, *yesitas, attrezzistas* y utileros, quedando tan bien que el aspecto era el de un verdadero cementerio.

Con el transcurso de los años, la vegetación fue creciendo y tapando toda aquella construcción, y es por eso que los descubridores pensaron que se encontraban ante un gran hallazgo. Menos mal que ese comentario llegó a nuestros oídos y pudimos explicar la verdad, o sea, que se trataba de un cementerio falso, que las tumbas eran a ras de tierra, y que se había realizado para el filme *El bautizo* de Roberto Fandiño.

¿Se imaginan ustedes qué hubiera pasado si los supuestos descubridores llamaban a historiadores o a la prensa?

Al estrenarse la coproducción cubano-soviética *Soy Cuba*, muchas personas se me acercaron para preguntarme cómo habíamos logrado filmar dentro de una de las viviendas que se encontraban en el barrio Las Yaguas, lugar insalubre y hasta en momentos peligrosos que, por entonces, existía en una barriada de La Habana. Toda la construcción fue escenografía realizada en los Estudios Fílmicos ICAIC de Cubanacán.

¿Cómo lo habíamos logrado? En los momentos que se comenzaba a filmar *Soy Cuba*, se comenzaba a desmantelar ese barrio y para ahorrarnos comenzar a acopiar por toda la ciudad los materiales que nos hacían falta, se nos dio la oportunidad, gracias a gestiones del productor Miguel Mendoza, que con el personal del ICAIC de construcciones escenográficas toda vivienda abandonada por las familias para mudarse a otras nuevas entregadas por la Revolución, nosotros las tumbáramos y nos lleváramos los materiales de los cuales estaban hechas (que consistían en latas oxidadas, maderas viejas, cartones y todo lo que los pobladores habían usado para levantar sus viviendas), así de ese modo logramos que el interior del cuarto de la protagonista y los exteriores se vieran por las ventanas y puerta como eran en la realidad.

Esa compleja construcción, incluyendo el interior y los exteriores, alcanzó un área de 25 metros por 40 metros y con varios niveles de altura para simular un barrio con elevaciones.

Las grandes escenas de los exteriores fueron rodadas en el mismo barrio antes de que lo desmantelaran; esto nos hizo apurar la filmación, pues cada día desmontaban más viviendas y nos asaltaba el temor de que un día llegáramos y no encontráramos ninguna.

*Soy Cuba* demandó que se construyeran muchas escenografías; recuerdo la famosa tabaquería situada en una azotea del barrio de la Loma del Ángel, donde por la calle se realizaba el entierro del estudiante y donde como cosa curiosa participaron 5000 extras, milicianos, quienes fueron convocados gracias a las Tropas de La Habana, pues no podían ser militares por estar pelados muy bajo.

Esta filmación fue realizada durante cuatro fines de semana por lo complejo de la puesta en escena, ya que la cámara comenzaba a nivel de la calle, subía por un elevador colocado en el exterior de una edificación, atravesaba la calle en las alturas, entraba por la tabaquería y desde este interior se desplazaba por todo el centro de la calle hasta recorrer cien metros.

Como dato curioso imagínense alimentar a más de cinco mil personas, ningún establecimiento podía garantizarlo, toda esa alimentación se preparaba en las oficinas de producción habilitada para tal empresa.

También en la escena cuando el estudiante se encuentra en una azotea vigilando los movimientos del esbirro policía, fueron construidas las columnas que se ven en la escena, todo esto fue en la azotea del hoy Instituto Cubano de Radio y Televisión.

Para seguir con experiencias en las escenografías del filme *Soy Cuba* voy a recordar el momento del cabaret, que se ha pensado por muchos que fue filmado en El Polinesio o en Las Cañitas, restaurantes del Hotel Habana Libre, pero esa colosal escenografía también la construimos en los Estudios Fílmicos del ICAIC, en Cubanacán. Gracias a las gestiones del productor Miguel Mendoza, quien obtuvo como préstamos todos los adornos, lámparas y algunos muebles para poder construir el gran cabaret que aparece en el filme. Lograr llenar el gran espacio del área del cabaret en los estudios, exigió construir un colosal mostrador que tenía la peculiaridad de que la tapa donde se servían los tragos poseía un cristal nevado con iluminación interior y así lograr que los rostros de los artistas siempre estuvieran iluminados para la cámara. Se construyeron tres esculturas polinesias de yeso con una altura de cuatro metros y divisiones de cañas bravas (una planta que se da en lugares cerca de los ríos), todo esto simuló el ambiente de un gran cabaret.

El filme *Los días del agua*, del director Manuel Octavio Gómez, se basó en hechos reales que reflejaban la vida de Antoñica Izquierdo, mujer que decía curar con agua. Desde un principio se pensó realizar todo el filme en el Valle de Viñales, lugar de donde era oriunda la protagonista, pero la trama contaba con muchas locaciones y todas eran imposibles de encontrar en la provincia de Pinar del Río. Ante tal problemática solamente podíamos construir la vivienda de Antoñica y algunos exteriores, que eran los lugares donde los feligreses enfermos acudían al encuentro de la llamada santa; el resto, que eran muchos, tuvimos que localizarlos en Soroa, Matanzas, Cienfuegos, Remedios y La Habana.

Ante tal disyuntiva, las locaciones de Viñales y La Habana fueron realizadas por el escenógrafo Pedro García Espinosa y el resto por mí; fue una ardua tarea, pues tenía que estar en varios lugares a la vez y todos ellos distantes, pues se nos pedía que todo estuviese listo para ganar tiempo y porque a los artistas las fechas les podían coincidir con otros trabajos en teatro y televisión.

Recuerdo de esta filmación una locación, la del tribunal, que fuera escogido el Palacio de Valle en Cienfuegos, edificio patrimonial, que desde el principio sabía que me iba a proporcionar dolores de cabeza, pues en uno de los salones el director y el director de fotografía querían que se pintara de color magenta. El lugar se encontraba pintado de color claro casi blanco y al concluir había que dejarlo como antes de comenzar la filmación, lo cual resultaba muy difícil y costoso, pero después de darle a las paredes varias manos de pintura pudimos entregarlo como estaba al principio.

En Soroa trabajamos en todo el salto, convirtiendo todo el lugar en el gran sueño que tenía Antoñica, teníamos que dar el lugar como un paraíso donde se insinuaba el mal y que gracias a Antoñica todo se convertía en un paraíso perfecto, en esa locación fue mucho el trabajo, pues se tuvo que construir todo en el lugar, lo que exigió varias semanas de trabajo.

Un dato curioso en este filme fue la utilización de dos ómnibus de carrocería de madera y más de treinta autos, los cuales casi a diario había que pintarlos de distintos colores, por suerte contábamos con un excelente pintor escenográfico que utilizaba pintura de serigrafía con una capa de barniz para darle el brillo necesario, así estuvimos en toda la filmación y parecía que en la película hay más de cien autos; cosas del cine.

Son estos algunos de los muchos recuerdos que durante mi larga vida he acumulado; quizás un libro de anécdotas de cómo se han realizado las películas cubanas en las cuales he participado, con sus venturas y desventuras, complejidades y peripecias, esté esperando para una nueva entrega.

## Ellos hablan de Luis Lacosta

*"¡Ay del que no tenga su instante de loco! ¡Ay del que no sepa usar a tiempo el impulso maravillosamente fecundo de la divina inexperiencia".*

JOSÉ ZACARÍAS TALLET

### Michaelis Cué, actor y director teatral

Guardo de Luis muy buenos recuerdos y la alegría de una gran amistad. Vibramos juntos con aquella experiencia que resultaron días inolvidables y de éxito que se deben a él en buena medida. Fueron muy gratos en unión de Howard Zinn. Luis Lacosta es uno de los directores de arte más sólidos con que cuenta nuestra cultura.

Su ya larga trayectoria en el cine, la televisión, la danza y el teatro, así lo demuestran. Es además un trabajador incansable, fraterno, de buen carácter e imaginativo.

Luis Lacosta con el colectivo de trabajo de *Marx en el Soho* (2004). En el centro, el dramaturgo Howard Zinn, autor de la pieza teatral.

Él fue el escenógrafo de mi puesta en escena *Marx en el Soho*, donde también interviene en la caracterización de Marx. Entró como escenógrafo y terminó haciendo la dirección de arte.

Luis entiende muy bien cuál es su papel en el trabajo, un creador del marco idóneo para la obra, complementando las ideas y conceptos desde la visualidad, del director del espectáculo. Participa del proceso creativo y ofrece las soluciones a partir de las propuestas que van surgiendo en ese proceso. Es un eficiente organizador del caos que es siempre los comienzos del cualquier trabajo artístico. En ese sentido resulta muy útil, porque va proponiendo las cosas en la justa medida, sin pasarse ni quedarse corto.

La utilidad de lo que propone, para completar el todo, sin artificios inexpresivos o excesivos. Mi experiencia con él fue muy rica, porque parecía adivinar mis necesidades, lo que daba muestra de cómo entendía la propuesta. No eran las suyas propuestas a *priori*, eran orgánicas y precisas para el momento adecuado. Y así se iba conformado el sitio escénico en que se movía el personaje. Lo viabilizaba. No esperaba que le trajeran los elementos a proponer. Él los buscaba y los iba colocando a partir de las necesidades de cada momento.

Y ahí radica su eficiencia como director de arte. Organiza el espacio, lo va conformando poco a poco y no deja nada a la suerte. Ayuda a crear las atmósferas, el carácter, la época, el ritmo escénico y todo con tremendo buen humor y camaradería. Le da la unidad al espectáculo.

La dirección de arte es muy necesaria en los programas televisivos. Una buena dirección de arte salva un trabajo. Una mala dirección lo puede hundir. Crea la unidad de la imagen y ayudar a que la obra se exprese libre y orgánicamente. En el director de arte se nuclea y organiza el todo.

Es una dicha trabajar con Luis por su entusiasmo, carisma y respeto a la obra toda. Sabe ceder cuando se le convence de algo y defiende sus puntos de vista con inteligencia.

## Jorge Dysel, director de cine argentino

He tenido el honor de trabajar con Luis Lacosta durante el rodaje de mi primer largometraje *En fin... el mar* (2003), rodado en Cuba (La Habana y playas), USA (Miami, Nueva York y Nueva Jersey) y en Argentina (interiores de locaciones donde los protagonistas solo podían coincidir con las fechas y escenas de mar).

El trabajo de arte fue titánico. Fue fantástico.

No solamente por su calidad artística, sino por empatar situaciones que transcurrían en locaciones lejanas a Cuba, por ejemplo reproducir un ambiente de cocina de un hotel cubano en Buenos Aires, reproducir un ambiente de departamento de New Jersey en La Habana, una playa de Pinar del Río, en el Río de la Plata transformado en mar, sino por las dificultades propias a todo rodaje en Cuba donde los recursos son poco disponibles.

La película demandaba diferentes ambientes como: hoteles, un tren y un sin fin de locaciones propias de todo *film*, que exigía una gran cantidad de estas. Todo se resolvió exitosamente y con muy bajos recursos económicos.

Una dificultad adicional que fue resuelta con éxito: se trató de reproducir las locaciones con muy poco tiempo disponible. Desde que el rodaje del *film* fue aprobado hasta que se inició la filmación teníamos, en muchos casos, apenas un par de días. Esto, para cine, es muy poco habitual y gracias al equipo de Luis apoyado por un gran equipo de producción fue posible lograrlo.

## Eduardo Toral, director español de documentales y filmes de ficción

Lacosta permanecía escondido tras su bigotón y sus espejuelos mirándome como un ratoncito nervioso y desconfiado. Abriendo sus ojos desde una curiosidad que para mí era incómoda, porque me escuchaba como si me conociera de toda la vida, como si me conociera mejor que lo que yo me conozco a mí mismo, como si supiera algo de mí que yo no acertaría nunca a descubrir. Terminé de esbozarle a grandes rasgos aquello que yo entendía tendría que incorporar de su cosecha a la película de Silvio Rodríguez que nos habían encargado, con los medios que contábamos y con las habituales dificultades de tiempo de realización.

Lo hice con la pasión de un jovenazo que no esperaba ser correspondida por un sujeto que peinaba canas y que se distraía en pequeños arrebatos haciendo dibujos de muñequitos en un grueso cuadernillo de anillas mientras yo me movía a un lado y a otro de la estancia, escenificando mis inseguridades y tratando de ocultarlas con la altisonancia hueca del discurso ya repetido al director de fotografía, al productor, al ayudante, al coguionista...

Luis Lacosta y el director Eduardo Toral

Era una perorata fluida, pero sin frescura, y yo percibía claramente que tras aquella mueca de interés, Lacosta me estaba pesando, como quien pesa sin báscula un puñado de frijoles tempraneros, si anda por arriba o por debajo del kilo.

Cuando terminé, lo miré fijamente. Esperaba de ese recién conocido escenógrafo —del que todos mis amigos me hablaban bien—, un asentimiento educado y cortés. Esperaba un «veremos qué puedo hacer para resolver» y entonces ocurrió la magia: en una décima parte del tiempo que yo había demorado en tratar de ilusionarle, me hizo un resumen de la película tan certero, tan incisivo en los detalles, tan comprometido y tan perspicaz, que pareciera que él la hubiera escrito y yo tuviera que somatizarla para trabajar en su idea. Fue fantástico. Enorme. Inolvidable.

Luis Lacosta y Silvio Rodríguez

Descubrí a un profesional a quien todos llamaban Luisito pero que realmente, todos tendríamos que llamar Don Luisón —a toda costa—. Ni que decir tengo que me hice su amigo en ese preciso instante y desde ese día ocupa una de las habitaciones mejor decoradas de mi corazón.

Desde ya quedo eternamente agradecido.

Muchas gracias Luis

## José Ramón Artigas, director de televisión

A finales de la década de los ochenta conocí a Luis Lacosta en la televisión, pues diseñó la escenografía para programas que dirigí en ocasión de los días internacionales de diversos países. Por ese entonces trabajaba junto a Oscar Fagette, y sus creaciones tenían el sello de la calidad.

En 1992 asumí la dirección artística del Festival Boleros de Oro de la UNEAC y coincidí nuevamente con Lacosta, que diseñó espectaculares telones para las salas teatrales donde realizamos el evento. Por supuesto, no han faltado problemas y dificultades en estas dos décadas, que pondrían letra al más plañidero de los boleros, pero Lacosta no se alteraba, y seguía creando y buscando soluciones, con la sencillez y la sonrisa que lo caracterizan y sin dar mucha importancia a su obra en el cine cubano, por lo que considero una suerte que además de su talento y profesionalidad me distinga con su amistad.

El director José Ramón Artigas

## Delso Aquino, director de televisión

Trabajar con Lacosta es un gran privilegio, sabe lo que tú quieres y lo que necesita la obra que estás haciendo. Es sentir la tranquilidad de que llegas a la locación y todo está dispuesto, prácticamente cómo lo querías. Tan es así, que espero para comenzar algunos trabajos cuando él está disponible, pues me siento seguro y confiado con su trabajo. Es afable, pero muy exigente, no perdona las «chapucerías», propone con argumentos, está atento a todo lo que sucede, te acompaña en todo momento.

La experiencia de Lacosta la trasmite a los más jóvenes, con una modestia casi que de escolar, no tiene arrogancia, no hace gala de sus años de experiencia, ni de su larga vida profesional, plena de éxitos. Es un referente en la dirección de arte en nuestro país.

El director Delso Aquino con Luis Lacosta

En lo personal es un ser excepcional, es el padre que te da consejos, que te ayuda, te crítica y te exige, es el amigo en quien puedes confiar, es el compañero que no te abandona ante las dificultades.

Para mí trabajar con Luis Lacosta ha sido una gran *bendición*.

## Manuel Herrera, director de cine

Una obra cinematográfica es un todo compuesto por partes inseparables que no se pueden ni absolutizar, ni menospreciar.

La escenografía es un elemento indispensable para la puesta en escena y cada director la utiliza de acuerdo con sus concepciones artísticas, y por lo tanto, existirán innumerables criterios en cuanto a su utilidad y función.

LA VERDAD DE LO INVISIBLE

Luis Lacosta y Manuel Herrera

Para mí constituye el entorno en el cual se mueven los personajes y donde se desarrollan las situaciones. Debe ser diseñada de modo que esté imbricada con la sicología a los personajes, que en ella se desenvuelve pues va a rebelar rasgos determinantes de su personalidad.

John Foster Kane, el inolvidable ciudadano de Orson Welles, es inconcebible sin la opulencia de su mansión del Xanadú. La escenografía debe estar construida en correspondencia con la finalidad de la secuencia, aquello que queremos decir y debe contribuir esencialmente a la situación dramática y este criterio debe regir su selección.

Grandes ejemplos de la función e importancia de la escenografía los encontramos en la corriente cinematográfica llamada **expresionismo alemán**, donde lo tortuoso de los decorados góticos, sus calles empedradas con perspectivas donde no parece existir la línea recta, sus habitaciones de paredes oscuras, solo iluminadas por zonas que hieren el imperio de las sombras y crean la atmósfera ideal para sobrecoger al espectador y fortalecer las andanzas de los monstruos, de los cuales se desprenderá el **terror clásico** con sus exponentes mayores, *Drácula, Frankestein* y *El hombre lobo*. Estos ejemplos pueden parecer muy elementales, pero me parecen los más claros para ilustrar este concepto.

La puesta en escena está compuesta por múltiples elementos de naturaleza estética, que en apariencia parecen divorciados, pero que están unidos en su función de lograr el *look* del filme. El director solo no puede controlar estos elementos. Necesita de una persona de confianza que pueda conducir, la escenografía, el vestuario, la ambientación, el maquillaje, la peluquería y todo lo demás en función de la idea del director, que es la que mueve todo el proyecto cinematográfico. Esta persona es el director artístico al que corresponde el diseño y realización del *look* de la película. Es después del director la persona de mayor responsabilidad estética en un equipo cinematográfico y su colaborador más estrecho junto con el fotógrafo, en cuyo trabajo incide también el de director artístico.

El cine cubano, después de vencer numerosas incomprensiones, ha logrado hacer prevalecer el trabajo del director artístico aunque sigue vigente, en algún especialista, la necesidad de una comunicación con el director sin intermediarios, solo que este intermediario es un creador, cuya obra será unir la creatividad de todos sus especialistas en un solo concepto.

El cine cubano ha conocido excelentes directores artísticos, pero quiero referirme a uno entre ellos: Luis Lacosta.

Conocí a Lacosta en Guantánamo, cuando preparábamos *Cumbite*, filme de Gutiérrez Alea. Lo conocí bajo un mosquitero, padeciendo de paludismo. Íbamos todos los días a llevarle comida, pues pensábamos que se moría. Ignorábamos que siempre había sido así de flaco.

Hicimos aquella película y desde entonces nos ha unido una estrecha amistad y he podido contar con su valiosa colaboración en mis películas, algunas de ellas verdaderamente difíciles como *Capablanca*, rodada en coproducción con la URSS, donde era necesario crear dos ambientes, cubano y ruso, ambos rebosantes de autenticidad, que debían, al mismo tiempo, identificarse como tales y mantener una unidad dentro del filme.

Era necesario, además, armonizar con el equipo soviético, hombres de una cultura esencialmente diferente a la nuestra. Allí trabajó Lacosta como director artístico y creo que uno de los elementos relevantes del filme es su impresión, que conserva la atmósfera de una época, decorados suntuosos, maquillajes, vestuarios, en función de la línea de color y la creación de una atmósfera necesaria para un filme cuyo gran tema es el amor. Todo ello logrado gracias a la sensibilidad y talento de varios compañeros, entre ellos, de manera descollante alguien que se entrega al trabajo de corazón: Luis Lacosta.

## Armando Suárez del Villar Fernández Cabada, director teatral, Premio Nacional de Teatro

(*conversación con Norma Gálvez en febrero de 2012*)

Hablar de Luis Lacosta es para mi, una satisfacción, lo recuerdo desde los años 60 y a lo largo de todo este tiempo con Raúl Oliva, buscaban siempre cosas nuevas, inquietos, no descansaban un instante. Lacosta está en el mundo del cine, de la televisión y de la escena, no te digo solo del teatro, pues hizo óperas, ballets, danzas, espectáculos musicales. Siempre muy creativo, audaz, para él no había imposibles, de cualquier «cosa» sacaba arte, estaba en él, en su mundo, en su imaginación. Pero que lo mejor de todo era ese espíritu incansable, no se detenía ante nada, audaz, atrevido, desafiante, parecía que te iba a seguir en lo que le decías y de pronto te sorprendía con un diseño que te asombraba y que era mucho mejor que lo que habías pensado y recogía tu concepción, como tú la soñabas o idealizabas.

Ha hecho múltiples obras, donde no hay chapucería, no importa para dónde y su magnitud o trascendencia. Domina los códigos, los usa a sus anchas y siempre está presto a oir una nueva idea, a buscar. Lo más difícil de todo es pelear con Lacosta, yo creo que él no lo sabe hacer, siempre está sonriendo y cuando te va contradecir te lo demuestra de tal forma que parece que la idea era tuya.

Luis Lacosta y Armando Suárez del Villar

A la muerte de Raúl Oliva le pedí que lo sustituyera en la docencia del ISA en la especialidad de diseño escénico, fue muy bien recibido por los estudiantes, les exigía, les enseñaba, les proporcionaba un mundo de experiencias. Es una lástima que no comparta su tiempo con la docencia, tiene tanto que enseñar.

Lacosta ha hecho múltiples obras, donde no hay chapucería, no importa para dónde y su magnitud o trascendencia. Set de *Mejilla con mejilla*, del director Delso Aquino.

LA VERDAD DE LO INVISIBLE

*Patakin*, fotograma donde está Asseneh Rodríguez en la escena de *Ruperta la caimana*.

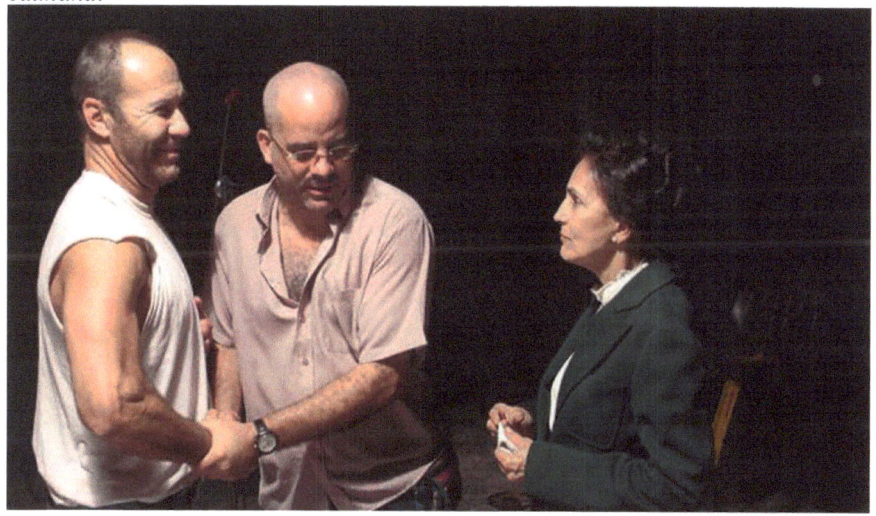
Filme *La Pared*, del director Alejandro Gil, con los actores Héctor Noa y Eslinda Núñez.

# RELACIÓN DE OBRAS
## de Luis Lacosta

# OBRAS

**Filmografía como escenógrafo**

**Relación**

| Largometrajes | Año | Director |
|---|---|---|
| *La salación* | 1965 | Manuel Octavio Gómez |
| *Lucía* | 1968 | Humberto Solás (asistente esc.) |
| *La primera carga al machete* | 1969 | Manuel Octavio Gómez |
| *Los días del agua* | 1971 | Manuel Octavio Gómez |
| *Edipo Rey* (ballet) | 1972 | Antonio Fdez. Reboiro |
| *El hombre de Maisinicú* | 1973 | Manuel Pérez |
| *Ustedes tienen la palabra* | 1973 | Manuel Octavio Gómez |
| *Cantata de Chile* | 1975 | Humberto Solás |
| *Patty Candela* | 1976 | Rogelio París |
| *La tierra y el cielo* | 1976 | Manuel Octavio Gómez |
| *Río Negro* | 1977 | Manuel Pérez |
| *Pablo* | 1978 | Víctor Casaus |
| *Una mujer, un hombre, una ciudad* | 1978 | Manuel Octavio Gómez |

| | | |
|---|---|---|
| *Aquella larga noche* | 1979 | Enrique Pineda Barnet |
| *Retrato de Teresa* | 1979 | Pastor Vega |
| *Son ...o no son* | 1980 | Julio García Espinosa |
| *Leyenda* | 1980 | Rogelio París-Jorge Fraga |
| *Patakín(¡Quiere decir fábula!)* | 1982 | Manuel Octavio Gómez |
| *El señor Presidente* | 1983 | Manuel Octavio Gómez |
| *Los pájaros tirándole a la escopeta* | 1984 | Rolando Díaz |
| *Túpac Amaru* (Perú-Cuba) | 1984 | Federico García |
| *En 3 y 2* | 1985 | Rolando Díaz |
| *Capablanca* | 1986 | Manuel Herrera |
| *Asalto al amanecer* | 1988 | Miguel Torres |
| *Yo soy de donde nace un río* (ICAIC-TVE) | | Eduardo Toral |
| *Barrio Negro* (Suiza-Cuba) | 1988 | Pierre Kovalnik |
| *El misterio Galíndez* (España-Cuba) | 2003 | Gerardo Herrero |
| *Bailando Cha Cha Chá* | 2004 | Manuel Herrera |
| *En fin ...el mar* (Argentina-Cuba) | 2005 | Jorge Dyzel |
| *Siempre Habana* (España-Cuba) | 2006 | Angel Peláez |
| *La vida es un carnaval* (Italia-Cuba) | 2006 | Angelo Rizzo |

*El muchacho de Copacabana*
*o Cuando la verdad despierta* 2006   Alejandro Gil

*La pared* (Italia-Cuba)   2008   Angelo Rizzo

*Ciudad en rojo*   2009   Rebeca Chávez

*Y sin embargo...*   2012   Rudy Mora

| Mediometrajes | Año | Director |
|---|---|---|
| *Vuelo 134* | 1965 | José Antonio Jorge |

| Cortometrajes | Año | Director |
|---|---|---|
| *Un poco más de azul* | 1964 | |
| *Los Zafiros* | 1966 | José Limeres |
| *Color de Cuba* | 1968 | Bernabé Hernández |
| *Hablando de punto cubano* | 1972 | Octavio Cortázar / Bernabé Hernández |
| *Pieles* | 1972 | Santiago Villafuerte |
| *Los medicamentos* | 1972 | Idelfonso Ramos |
| *El programa del Moncada* | 1972 | Octavio Cortázar |
| *Cuadra por cuadra* | 1974 | Melchor Casals |
| *Súlkary* | 1974 | Melchor Casals |
| *Plásmasis* | 1974 | Melchor Casals |

| | | |
|---|---|---|
| *Okantomí* | 1974 | Melchor Casals |
| *Canto mínimo* (no estrenada) | | Bernabé Hernández |
| *Análisis de un problema* | 1974 | Santiago Villafuerte |
| *Panorama* | 1975 | Melchor Casals |
| *Una herencia* | 1976 | Santiago Villafuerte |
| *Ignacio Piñeiro* | 1977 | Luis Felipe Bernaza |
| *El general de las cañas* | 1978 | Oscar Valdés |
| *Esther Borja* | | Idelfonso Ramos |
| *La cadena* | 1978 | Juan C. Tabío |

**Filmografía**

| Como decorador | Año | Escenógrafo |
|---|---|---|
| *Desarraigo* | 1965 | Fausto Canel |
| *El asalto del tren Central* (mediometraje) Alejandro Saderman | 1967 | |
| *La violación* (filme inconcluso) | 1968 | Bernabé Hernández |
| *Libertad para los uruguayos* | 1977 | |

| Telefilmes | Año | Director |
|---|---|---|
| *La luna en el agua* | 2008 | Delso Aquino |
| *Historias del fin del mundo* | 2008 | Yaima Pardo |
| *Los heraldos negros* | 2009 | Charlie Medina |
| *Una flor en el barro* | 2009 | Raúl Villarreal |
| *La casa del anticuario* | 2009 | Delso Aquino |
| *El eclipse* | 2010 | Delso Aquino |
| *Misión Casting* | 2010 | Delso Aquino |
| *Mejilla con mejilla* | 2011 | Delso Aquino |
| *Leña de soledades* | 2011 | Marlon Brito |
| *Inevitable* | 2011 | Delso Aquino |
| Programa humorístico | | Director |
| *A otro con ese cuento* | 2012 | Delso Aquino |

Ha realizado los créditos (presentaciones o créditos) de más de 100 filmes.

Ha elaborado más de 100 *trailers* (avances, publicidad) comerciales de los filmes cubanos para Cuba y el exterior.

Realizó para la televisión *trailers* (avances) cortos para anunciar todos los estrenos de filmes cubanos y extranjeros que se exhiben en los cines del país.

### Como escenógrafo en teatro y eventos nacionales e internacionales

- Fiesta cubana en Moscú (URSS) 1969
- Gala de Cuba en el XI Festival Mundial de la Juventud y los Estudiantes
- Recital (Leo-Irakere) (sep. 1979)
- Jornada de la Cultura Cubana en la URSS. (Palacio del Kremlim)
- Encuentro Música Cuba-USA en el teatro Karl Marx
- *Para un príncipe enano*. Espectáculo realizado por el Año Internacional del niño
- Gala de Cuba en Carifesta 1979
- Festival de Canciones de Carifesta en el teatro Karl Marx
- Día del Himno (en Bayamo)
- Gala de Cuba por la 6ta Cumbre de Países no Alineados
- Recital de Irakere en el teatro Karl Marx (1980)
- Gala 80. Recital del grupo KREIS, teatro Karl Marx
- La Mujer, Aniversario de la FMC.
- Arte del Pueblo Combatiente
- Premio EGREM 80
- Realizó las escenografías de las óperas *La Traviata* y *Lucía de Lammemor* para el Centro de Pro Arte Lírico de La Habana, puestas presentadas en Cuba, España y Portugal.
- Durante cinco años fue el director técnico del Centro Pro-Arte Lírico.
- Diseñó la Gala de Cuba al XII Festival Mundial de la Juventud y los Estudiantes en Cuba y Moscú-URSS.

- Diseñó la escenografía para la puesta en escena en el Gran Teatro de La Habana de la zarzuela cubana de Ernesto Lecuona *María la O*, dirigida por Alina Sánchez, y estrenada en España.

- Con el Grupo de Compay Segundo diseñó varias escenografías que fueron presentadas en Cuba y en el exterior.

- Trabajó en la obra *Porgy and Bess*, estrenada en Austria y España, bajo la dirección de Octavio Cortázar.

- Dirección de arte del programa *La diferencia*, de Alfredo Rodríguez.

- Festival de Boleros de Oro 2007, 2008, 2009 y 2010

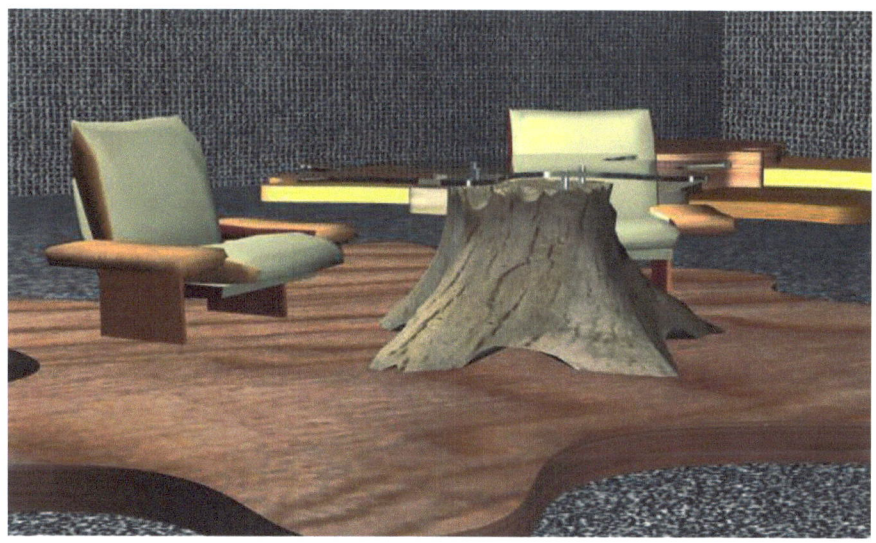

Diseño escenográfico de Luis Lacosta y Elina Valle para el programa de Cubavisión, de la televisión cubana, *La diferencia*.

## Lo mejor del cine cubano
(1959- 2008)

Logotipo del Festival Internacional del Nuevo Cine Latinoamericano

En octubre de 2009 la junta directiva de la Asociación Cubana de la Prensa Cinematográfica (filial de la FIPRESCI), acogió una iniciativa del colega Luciano Castillo para promover una encuesta entre todos los colegas de la membresía, así como entre otros críticos, profesionales, especialistas y estudiosos del cine cubano. La intención era seleccionar no solo los filmes de ficción, documentales y de animación más significativos del período 1959-2008, sino extender la indagación a apartados como guion, fotografía, edición, dirección de arte, música y sonido, como una forma de reconocer también la labor de los demás artistas y técnicos cinematográficos de nuestra industria fílmica.

Este propósito se fundamenta en la celebración de los cincuenta años de la creación del Instituto Cubano del Arte e Industria Cinematográficos (ICAIC), organismo cultural que consiguió por primera vez en nuestro país, luego del triunfo de la Revolución, sistematizar la producción fílmica y elevarla a una condición artística, proceso que durante estas cinco décadas ha continuado desarrollándose contra viento y marea. Si bien este es un hecho que nadie puede poner en duda, asimismo es cierto que también fuera de los marcos de esta institución, sobre todo en los dos últimos decenios, han visto la luz algunas obras estimables, primordialmente en el género documental. Por ello en las respuestas también se consideró la inclusión de filmes de procedencia distinta a la del ICAIC.

En la convocatoria a la encuesta, se solicitó a los críticos y estudiosos de la cinematografía cubana que nominaran hasta diez títulos en cada una de las categorías antes mencionadas, pero además se les propuso que escogieran a su juicio los mejores cinco carteles de cine diseñados en la etapa referida, así como en igual número las secuencias más notables y las frases más célebres o recordadas en las películas producidas en el período. Esta última idea o modalidad fue sugerida por la publicación de Cubana de Aviación. Con todas estas ambiciosas características, es comprensible que muchos de los especialistas —tanto en el país como en el extranjero— a quienes se envió la convocatoria, no respondieran a ella o solo se limitaran a contestar algunas de las secciones del cuestionario obviando las referentes a las especialidades cinematográficas técnicas, alegando falta de tiempo para contestar seriamente a las interrogantes. En casos mínimos, varias respuestas incluyeron hasta una docena o una quincena de títulos, en los cuales se diferenciaban los cortometrajes de los largometrajes en los géneros de ficción y documental. En total, respondieron 73 personas, 5 de ellas extranjeras.

En la categoría de ficción, 78 títulos diferentes recibieron votos. Los filmes más mencionados fueron *Memorias del subdesarrollo*, de Tomás Gutiérrez Alea (72 votos); *Lucía*, de Humberto Solás (66); *Fresa y chocolate*, de T. G. Alea y Juan Carlos Tabío (62); *Madagascar*, de Fernando Pérez, y *Papeles secundarios*, de Orlando Rojas (ambos con 43 votos); *La muerte de un burócrata* (37); *La primera carga al machete*, de Manuel Octavio Gómez (33); *Retrato de Teresa*, de Pastor Vega (32), *La bella del Alhambra*, de Enrique Pineda Barnet, y *La última cena*, de T.G. Alea (con sendos 31 votos).

Otro elemento importante en el resultado final de una cinta es la dirección de arte, aunque gran parte del público desconoce los nombres de los artistas responsabilizados con este minucioso trabajo. No obstante, en esta especialidad se reconocieron a filmes de creadores recurrentes como Derubín Jácome, Guillermo Mediavilla, Pedro García Espinosa, José M. Villa y Calixto Manzanares.

MARIO NAITO LÓPEZ

## Las direcciones artísticas más significativas

**Derubín Jácome**: *La bella del Alhambra* (29 votos)

**Guillermo Mediavilla**: *Papeles secundarios* (24)

**Derubín Jácome**: *Un hombre de éxito* (24)

**Pedro García Espinosa**: *Lucía* (23)

**P. García Espinosa, José Manuel Villa, Enrique Tamarit**: *Cecilia* (20)

**Guillermo Mediavilla, Calixto Manzanares, Gerard Roger, Boris Komajakov**: *El siglo de las luces* (16

**Carlos Arditti**: *La última cena* (15)

**Onelio Larralde**: *Madagascar* (9)

**J. M. Villa**: *Los sobrevivientes* (8)

**Pedro García Espinosa**: *Amada* (7)

**Vivian del Valle**: *La edad de la peseta* (7)

**Julio Matilla**: *Memorias del subdesarrollo* (7)

**Calixto Manzanares**: *Clandestinos* (6)

**Erick Grass**: *Pon tu pensamiento en mí* (6)

**Fernando O´Reilly**: *Fresa y chocolate* (5)

**Raúl Oliva**: *La vida es silbar* (5)

**Vittorio Garatti, P. García Espinosa, Roberto Larrabure**: *Una pelea cubana contra los demonios* (5)

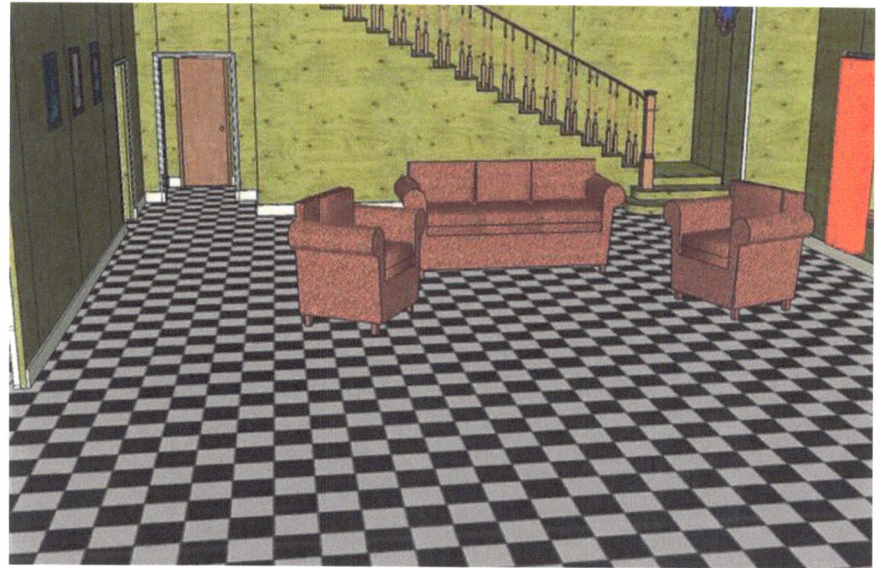

Paneles enchapados con imitación a madera y piso trabajado en serigráfia, con mobiliario para una escena de un telefilme.

*Set* con paredes enchapadas con madera

Sede de la entrega de los premios Oscar a los mejores filmes, en las distintas disciplinas y categorías.

# PELÍCULAS PREMIADAS
## por dirección de arte y diseño escenográfico

# Películas premiadas por dirección de arte y diseño escenográfico

## PREMIOS OSCAR DE DIRECCIÓN ARTÍSTICA (ACADEMIA DE ARTES Y CIENCIAS CINEMATOGRÁFICAS DE HOLLYWOOD)

1927 / 28 William Cameron Menzies: *The Dove, La tempestad*

1928 / 29 Cedric Gibbons: *The Bridge of San Luis Rey*

1929 / 30 Herman Rosse: *The King of Jazz*

1930 / 31 Max Ree: *Cimarrón*

1931 / 32 Gordon Wiles: *Transatlantic*

1932 / 33 William S. Darling: *Cabalgata*

1934 / Cedric Gibbons/ Frederic Hope: *La viuda alegre*

1935 / Richard Day: *El ángel de las tinieblas*

1936 / Richard Day: *Fuego otoñal*

1937 / Stephen Goosson: *Horizontes perdidos*

1938 / Carl J. Woyl: *Aventuras de Robin Hood*

1939 / Lyle Wheeler: *Lo que el viento se llevó*

1940 / Cedric Gibbons, Paul Groosse: *Más fuerte que el orgullo* / B & N Vincent Korda: *El ladrón de Bagdad* / Color

1941 / Richard Day, Nathan Juran, Thomas Little: *¡Qué verde era mi valle!* / B & N Cedric Gibbons, Uric Mc Cleary, Edwin B. Willis: *De corazón a corazón* / Color

1942 / Richard Day, Joseph Wright, Thomas Little: *Fugitivos del amor* / B & N; Richard Day, Joseph Wright, Thomas Little: *Una chica con sal* / Color

1943 / James Basovi, William S. Darling, Thomas Little: *Bernadette* / B & N; Alexander Golitzen, John B. Goodman,

Russell A. Gausman, Ira S. Webb: *El fantasma de la ópera* / Color

1944 / Cedric Gibbons, William Ferrari,5 Edwin B. Willis, Paul Huldschinsky: *La luz que agoniza* / B & N; Wiard Ihnen, Thomas Little: *Wilson* / Color

1945 / Wiard Ihnen, A. Roland Fields: *Sangre sobre el sol* / B & N; Hans Dreier, Ernst Fegte, Samuel M. Comer: *El pirata y la dama* / Color

1946 / William S. Darling, Lyle Wheeler, Thomas Little, Frank E. Hughes: *Ana y el rey de Siam* / B & N; Cedric Gibbons, Paul Groesse, Edwin B. Willis: *El despertar* / Color

1947 / John Bryan, Wilfreed Singleton: *Grandes ilusiones* / B & N; Alfred Junge: *Narciso negro* / Color

1948 / Roger K. Furse, Carmen Dillon: *Hamlet* / B & N; Hein Heckroth, Arthur Lawson: *Las zapatillas rojas* / Color

1949 / Harry Horner, John Meehan, Emile Kuri: *La heredera* / B & N; Cedric Gibbons, Paul Groesse. Edwin B. Willis, Jack D. Moore: *Mujercitas* / Color

1950 / Hans Dreier, John Meechan, Samuel M. Comer, Ray Moyer: *El ocaso de una vida* / B & N; Hans Dreier, Walter Tyler, Samuel M. Comer, Ray Moyer: *Sansón y Dalila* / Color

1951 / Richard Day, George James Hopkins: *Un tranvía llamado deseo* / B & N; Cedric Gibbons, E. Preston Ames, Edwin B. Willis, Keogh Gleason: *Un americano en París* / Color

1952 / Cedric Gibbons, Edward Carfagno, Edwin B. Willis, Keogh Gleason: *Cautivos del mal* / B & N; Paul Sheriff, Marcel Vertes: *Molino rojo* / Color

1953 / Cedric Gibbons, Edward Carfagno, Edwin B. Willis, Hugh Hunt: *Julio César* / B & N; Lyle Wheeler, George W. Davis, Walter M. Scott, Paul S. Fox: *El manto sagrado* / Color

1954 / Richard Day: *Nido de ratas* / B & N; John Meehan, Emile Kuri: *20 000 leguas de viaje submarino* / Color

1955 / Hal Pereira, Tambi Larsen, Samuel M. Comer, Arthur Krams: *La rosa tatuada* / B & N; Willian Flannery, Jo Mielziner,

Robert Priesley: *Picnic* / Color

1956 / Cedric Gibbons, Malcom F. Brown, Edwin B. Willis, F. Keogh Gleason: *El estigma del arroyo* / B & N; Lyle R. Wheeler, John De Cuir, Walter M. Scott, Paul S. Fox: *El rey y yo* / Color

1957 / Ted Haworth, Robert Priestley: *Sayonara*

1958 / William A. Horning,8 E. Preston Ames, Henry Grace, F. Keogh Gleason: *Gigi*

1959 / Lyle R. Wheeler, George W. Davis, Walter M. Scott, Stuart A. Reiss: *El diario de Anna Frank* / B & N; William A. Horning,9 Edward Carfagno, Hugh Hunt: *Ben Hur* / Color

1960 / Alexander Trauner, Edward G. Boyle: *El apartamento* / B & N; Alexander Golitzen, Eric Orbom,11 Russell A. Gausman, Julia Heron: *Espartaco* / Color

1961 / Harry Horner, Gene Callahan: *The Hustler* / B & N; Boris Leven, Víctor A. Gangelin: *West Side Story* / Color

1962 / Alexander Golitzen, Henry Bumstead, Oliver Emert: *Matar un ruiseñor* / B & N; John Box, John Stoll, Dario Simoni: *Lawrence de Arabia* / Color

1963 / Gene Callahan: *América, América* / B & N; JohDe Cuir, Jack Martin Smith, Hilyard Brown, Herman Blumenthal, Elven Webb, Maurice Pelling, Boris Juraga, Walter M. Scott, Paul S. Fox, Ray Moyer: *Cleopatra* / Color

1964 / Vassilis Fotopoulos: *Zorba el griego* / B & N; Gene Allen, Cecil Beaton, George James Hopkins: *Mi bella dama* / Color

1965 / Robert Clatworthy, Joseph Kish: *Ship of Fools* / B & N; John Box, Terry Marsh, Dario Simoni: *Doctor Zhivago* / Color

1966 / Richard Sylbert, George James Hopkins: *¿Quién le teme a Virgina Wolf?* / B & N; Jack Martin Smith, Dale Hennesy, Walter M. Scott, Stuart A. Reiss: *Viaje fantástico* / Color

1967 / John Truscott, Edward Carrere, John M. Brown: *Camelot*

1968 / John Box, Terence Marsh, Vernon Dixon, Ken Muggleston: *Oliver!*

1968 / John DeCuir, Jack Martin Smith, Herman Blumenthal, Walter M. Scott, George Hopkins, Raphael Bretton: *Hello, Dolly!*

1970 / Urie McCleary, Gil Parrondo, Antonio Mateos, Pierre-Louis Thevenet: *Patton*

1971 / John Box, Ernest Archer, Jack Maxsted, Gil Parrondo, Vernon Dixon: *Nicholas and Alexandra*

1972 / Rolf Zehetbauer, Jurgen Kiebach, Herbert Strabel: *Cabaret*

1973 / Henry Bumstead, James Payne: *El golpe*

1974 / Dean Tavoularis, Angelo Graham, George R. Nelson: *El padrino II*

1975 / Ken Adam, Roy Walker, Vernon Dixon: *Barry Lyndon*

1976 / George Jenkins, George Gaines: *Todos los hombres del presidente*

1977 / John Barry, Norman Reynolds, Leslie Dilley, Roger Christian: *La guerra de las galaxias*

1978 / Paul Sylbert, Edwin O'Donovan, George Gaines: *El cielo puede esperar*

1979 / Philip Rosenberg, Tony Walton, Edward Stewart, Gary Brink: *All That Jazz*

1980 / Pierre Guffroy, Jack Stevens: *Tess*

1981 / Norman Reynolds, Leslie Dilley; Michael Ford (SD): *Los cazadores del arca perdida*

1982 / Stuart Craig, Robert W. Laing; Michael Seirton (SD): *Gandhi*

1983 / Anna Asp, Susanne Lingheim: *Fanny y Alexander*

1984 / Patrizia von Brandstein; Karel Cerný (SD): *Amadeus*

1985 / Stephen Grimes; Josie Macavin (SD): *África mía*

1986 / Gianni Quaranta, Brian Ackland-Snow; Brian Savegar, Elio Altamura (SD): *Habitación con vista*

1987 / Ferdinando Scarfiotti; Bruno Cesari, Osvaldo Desideri (SD): *El último emperador*

1988 / Stuart Craig; Gerard James (SD): *Las amistades peligrosas*

1989 / Anton Furst; Peter Young (SD): *Batman*

1990 / Richard Sylbert (AD); Rick Simpson (SD): *Dick Tracy*

1991 / Dennis Gassner (AD); Nancy Haigh (SD): *Bugsy*

1992 / Luciana Arrighi (AD); Ian Whittaker (SD): *Regreso a Howard End*

1993 / Alan Starski (AD); Ewa Braun (SD): *La lista de Schindler*

1994 / Ken Adam (AD); Carolyn Scott (SD): *La locura del rey Jorge*

1995 / Eugenio Zanetti (AD): *Restauración*

1996 / Stuart Craig (AD); Stephanie McMillan (SD): *El paciente inglés*

1997 / Peter Lamont (AD); Michael D. Ford (SD): *Titanic*

1998 / Martin Childs (AD); Jill Quertier (SD): *Shakespeare enamorado*

1999 / Rick Heinrichs (AD); Peter Young (SD): *Sleepy Hollow*

2000 / Tim Yip (AD): *Tigre y Dragón*

2001 / Catherine Martin (AD); Brigitte Broch (SD): *Moulin Rouge*

2002 / John Myhre (AD); Gordon Sim (SD): *Chicago*

2003 / Grant Major (AD); Dan Hennah, Alan Lee (SD): *El Señor de los Anillos: El retorno del Rey*

2004 / Dante Ferretti (AD); Francesca Lo Schiavo (SD): *El aviador*

2005 / John Myhre (AD); Gretchen Rau (SD): *Memorias de una geisha*

2006 / Eugenio Caballero (AD); Pilar Revuelta (SD): *El laberinto del fauno*

2007 / Dante Ferretti (AD); Francesca Lo Schiavo (SD): *Sweeney Todd: El barbero diabólico de la calle Fleet*

2008 / Donald Graham Burt (AD); Victor J. Zolfo (SD): *El curioso caso de Benjamin Button*

2009 / Rick Carter, Robert Stromberg (AD); Kim Sinclair (SD): *Avatar*

2010 / Robert Stromberg (AD); Karen O'Hara (SD): *Alicia en el país de las maravillas*

2011 / Dante Ferretti (AD); Francesca Lo Schiavo (SD): *Hugo*

## PREMIOS NASTRO D'ARGENTO A LA MEJOR ESCENOGRAFÍA (SINDICATO NACIONAL ITALIANO DE PERIODISTAS DE CINE)

1946 Luigi Filipponi: *Le miserie del signor Travet*

1947 Gastone Medin, M. Çolasson: *Eugenia Grandet*

1948 Piero Filippone: *La figlia del capitano*

1949 No asignado

1950 Aldo Tommasini, Leon Barsacq: *La bellezza del diavolo*

1951 Guido Fiorini: *Miracolo a Milano*

1952 No asignado

1953 No asignado

1954 Pek Avolio: *Cronache di poveri amanti*

1955 Mario Chiari: *Carosello napoletano*

1956 No asignado.

1957 Mario Chiari: *Guerra e pace*

1958 Mario Chiari, Mario Garbuglia: *Le notti bianche*

1959 No asignado.

1960 Mario Garbuglia: *La grande guerra*

1961 Piero Gherardi: *La dolce vita*

1962 Flavio Mogherini: *La viaccia*

1963 Luigi Scaccianoce: *Senilità*

1964 Mario Garbuglia: *Il gatopardo*

1965 Luigi Scaccianoce: *Gli indifferenti*

1966 Piero Gherardi: *Giulietta degli spiriti*

1967 Mario Chiari : *La bibbia*

1968 Luigi Scaccianoce: *Edipo rey*

1969 Luciano Puccini: *Romeo e Gulietta*

1970 Danilo Donati, Luigi Scaccianoce: *Fellini Satyricon*

1971 (*exaequo*) Giancarlo Bartolini Salimbeni: Il giardino dei Finzi Contini; Guido Josia: *Metello*

1972 Ferdinando Scarfiotti: *Morte a Venecia*

1973 Danilo Donati: *Roma*

1974 Mario Chiari: *Ludwig*

1975 Mario Garbuglia: *Gruppo di famiglia in un interno*

1976 Fiorenzo Senese: *La divina criatura*

1977 Danilo Donati: *Casanova*

1978 No asignado

1979 No asignado

1980 Dante Ferretti: *La città delle donne*

1982 Lorenzo Baraldi: *Il marchese del Grillo*

1984 Dante Ferretti: *E la nave va*

1986 Dante Ferretti: *Ginger e Fred*

1988 No asignado.

1989 Danilo Donati: *Francesco*

1991 Luciano Ricceri, Paolo Biagetti: *Il viaggio di Capitan Fracassa*

1993 Luciana Arrighi: *Howard's End*

1995 Dante Ferretti: *Intervista col vampiro*

1997 Dante Ferretti: *Casino*

1999 Francesco Frigeri: *La leggenda del pianista sull'oceano*

2000 Dante Ferretti: *Bringing Out the Dead y Titus*

2001 Luigi Marchione: *Il mestiere delle armi*

2003 Dante Ferretti: *Gangs of New York*
2005 Francesco Frigeri: *La passione di Cristo*
2007 Dante Ferretti: *Black Dahlia*
2009 Marco Dentici: *Vincere*
2010 Giancarlo Basili: *L'uomo che verrà*
2011 Paola Bizzarri: *Habemus Papam*
2012 Stefania Cella: *The Must Be the Place*

## PREMIOS ARIEL (ACADEMIA MEXICANA DE ARTES Y CIENCIAS CINEMATOGRÁFICAS) MEJOR ESCENOGRAFÍA

1947 Vicente Petit: *La barraca* / Jesús Bracho: *La mujer de todos*

1948 Edward Fitzgerald: *El buen mozo*

1949 José Rodríguez Granada: *Que Dios me perdone*

1950 Gunther Gerzso: *Una familia de tantas*

1951 Edward Fitzgerald: *Los olvidados*

1952 Francisco Marco Chillet: *En la palma de tu mano*

1953 Salvador Lozano Mena: *El rebozo de Soledad*

1954 Manuel Fontanals: *El niño y la niebla*

1955 Jesús Bracho: *Retorno a la juventud*

1956 Edward Fitzgerald: *Robinson Crusoe*

1957 Salvador Lozano Mena: *Talpa*

1958 Manuel Fontanals: *La culta dama*

1972 José Durán, José Luis Garduño: *El topo*

1973 Manuel Fontanals: *El castillo de la pureza*

1974 José Luis González de León: *Calzoncín inspector*

1975 No entregado

1976 No entregado

1977 Jorge Fernández: *La palomilla al rescate*

1978 Agustín Ituarte Salazar: *Cananea*

1979 Pedro F. Miret, Xavier Rodríguez: *Pedro Páramo, el hombre de la media luna*

1980 Salvador Lozano Mena: *La tía Alejandra*

1981 Xavier Rodríguez: *Misterio*

1982 José Rodríguez Granada: *Rastro de muerte*

1983 No entregado

1984 Lali Roffiel, Pierre Cadiou, Rainer Schrader: *Eréndira*

1985 No entregado

1986 No entregado

1987 Zeth Santacruz: *Los piratas (Náufragos II)*

1988 Xavier Rodríguez: *Mariana, Mariana*

1989 Boris Burnistrov: *Esperanza*

1990 No entregado

1991 Guillermo de la Riva: *Pueblo de madera*

1992 Emilio Mendoza, Gonzalo Ceja, Ricardo Mendoza: *Como agua para chocolate*

1993 Tolita Figueroa: *Cronos*

1994 Ana Solares, Claudio Pache Contreras, Guillermo Hulsz, Mónica Chirinos, Salvador Parra: *Ámbar*

1995 Carlos Gutiérrez: *El callejón de los milagros*

1996 José Luis Aguilar: *La reina de la noche*

1997 Antonio Muñohierro: *Profundo carmesí*

1998 Carlos Herrera, Lourdes Almeida: *De noche vienes, Esmeralda*

1999 José Luis Aguilar: *Un embrujo*

2000 Salvador Parra: *La ley de Herodes*

2001 No entregado

2002 Víctor Vallejo: *De la calle*

## MEJOR DISEÑO DE ARTE

1999 José Luis Aguilar: *Un embrujo*

2000 Brigitte Broch: *Sexo, pudor y lágrimas*

2001 Guadalupe Sánchez Sosa: *Perfume de violetas (Nadie te oye)*

2002 Ana Solares: *De la calle*

2003 Lorenza Manrique, Margarita Obrador: *Aro Tolbukhin (En la mente del asesino)*

2004 Bárbara Enríquez, Canek Saemisch Censes, Eugenio Caballero, María Salinas, Oscar Hernández: *Zurdo*

2005 Diana Quiroz, Luisa Guala: *Temporada de patos*

2006 Gloria Carrasco, Lizette Ponce Quintero: *Mezcal*

2007 Eugenio Caballero, Pilar Revuelta, Ramón Moya: *El laberinto del fauno*

2008 José Luis Aguilar, Lorenza Manrique: *Morirse en domingo*

2009 Luisa Guala, Miguel Angel Jiménez, Rafael Mandujano, Salvador Parra: *Arráncame la vida*

2010 Gloria Carrasco, Lizette Ponce Quintero: *Backyard, el traspatio*

2011 María José Pizarro, Salvador Parra: *El infierno*

2012 Bernardo Trujillo: *Días de gracia*

## PREMIO BAFTA AL MEJOR DISEÑO DE PRODUCCIÓN (ACADEMIA BRITANICA DE LAS ARTES CINEMATOGRÁFICAS Y DE LA TELEVISIÓN)

1968 Anthony Masters, Harry Lange, Ernest Archer: *2001: Una odisea del espacio*

1969 Donald M. Ashton: *Oh! What a Lovely War*

1970 Mario Garbuglia: *Waterloo*

1971 Ferdinando Scarfiotti: *Muerte en Venecia*

1972 Rolf Zehetbauer: *Cabaret*

1973 Natasha Kroll: *The Hireling*

1974 John Box: *El gran Gatsby*

1975 John Box: *Rollerball*

1976 Geoffrey Kirkland: *Bugsy Malone*

1977 Danilo Donati, Federico Fellini: *Casanova*

1978 Joe Alves: *Encuentros cercanos del tercer tipo*

1979 Michael Seymour: *Alien, el octavo pasajero*

1980 Stuart Craig: *El hombre elefante*

1981 Norman Reynolds: *Los cazadores del arca perdida*

1982 Lawrence G. Paull: *Blade Runner*

1983 Franco Zeffirelli, Gianni Quaranta: *La traviata*

1984 Roy Walker: *Los gritos del silencio*

1985 Norman Garwood: *Brazil*

1986 Gianni Quaranta, Brian Ackland-Snow: *Una habitación con vistas*

1987 Santo Loquasto: *Días de radio*

1988 Dean Tavoularis: *Tucker: El hombre y su sueño*

1989 Dante Ferretti: *Las aventuras del Barón Munchausen*

1990 Richard Sylbert: *Dick Tracy*

1991 Bo Welch: Eduardo *Manostijeras*

1992 Catherine Martin: *Strictly Ballroom*

1993 Andrew McAlpine: *El piano*

1994 Dante Ferretti: *Entrevista con el vampiro*

1995 Michael Corenblith: *Apollo 13*

1996 Tony Burrough: *Ricardo III*

1997 Catherine Martin: *Romeo + Juliet*

1998 Dennis Gassner: *El show de Truman*

1999 Rick Heinrichs: *Sleepy Hollow*

2000 Arthur Max: *Gladiador*

2001 Aline Bonetto: *Amélie*

2002 Dennis Gassner: *Camino a la perdición*

2003 William Sandell: *Master and Commander: Al otro lado del mundo*

2004 Dante Ferretti: *El aviador*

2005 Stuart Craig: *Harry Potter y el cáliz de fuego*

2006 Geoffrey Kirkland, Jim Clay, Jennifer William: *Hijos de los hombres*

2007 Sarah Greenwood, Katie Spencer: *Expiación*

2008 Donald Graham Burt, Victor J. Zolfo: *El curioso caso de Benjamin Button*

2009 Rick Carter, Robert Stromberg, Kim Sinclair: *Avatar*

2010 Guy Hendrix Dyas, Larry Dias, Doug Mowat: *Inception*

2011 Guy Hendrix Dyas, Larry Dias, Doug Mowat: *Inception*

2012 Dante Ferretti, Francesca Lo Schiavo: *Hugo*

# RELACIÓN de términos

## TÉRMINOS

**Anotador o anotadora (en inglés** *script girl***):** nombre dado en inglés a la secretaria de dirección o anotadora, su cometido es múltiple, lleva una historia detallada del rodaje, con duración de los planos, indicación del tiraje de las tomas de vistas, anotación de los cambios de diálogos y de los incidentes del rodaje.

*Atrezzista*: utilero, persona encargada de instalar y supervisar esos accesorios

*Atrezzo*: voz italiana para designar un conjunto de utensilios, útiles, y otros instrumentos de variados usos, cuya equivalencia española es utilería. Comprende todo lo relacionado con el mobiliario y los objetos de empleo común necesarios para la filmación.

**Centro de interés:** es el espacio más destacado de la escenografía y está compuesto por un gran elemento (chimenea, mesa y otros) o varios chicos.

**Desaforar la imagen:** cuando el encuadre de un plano da entrada en sus márgenes a algún elemento que no deba verse del decorado o del *set*.

**Destaque:** a diferencia del centro de interés, es la zona o el espacio visualmente más atractivo.

**Disolvencia cruzada:** tiene lugar cuando una imagen se sobrepone con lentitud a otra, hasta hacer desaparecer la primera.

**Disolvencia simple:** es aquella a la que llamamos fundida, que tiene lugar cuando la imagen desaparece lentamente hasta el oscurecimiento total de la pantalla o viceversa.

**Disolvencia:** efecto obtenido al fundir el final de un plano con el principio del siguiente, en general se logra por procedimiento químico, es decir, en el revelado y fijado. Esta puede ser simple o cruzada.

**Doble exposición:** imagen compuesta sobre un mismo negativo, con dos exposiciones o tomas distintas. Para conseguir este efecto se utiliza un *caché* que cubra la parte de la película que no debe ser impresionada, de esta manera, por ejemplo, un actor puede encarnar un doble papel y sostener una conversación consigo mismo. Este sistema es tan viejo como el cine, pues ya en 1899 Georges Méliès interpretó hasta siete personajes diferentes, todos dentro de un solo decorado.

**El marco-continente y espacio:** se dice que es la embocadura del escenario y si lo viéramos dibujado, sería un rectángulo de límites que se correspondería con el telón de fondo. El continente es el lugar en el cual se desarrollaría la obra. Allí actuarían los profesionales del género dramático. Y el espacio es el lugar de aire, que también debe ser preparado. En nuestra televisión (cubana) es muy usado en programas de entrevistas, telefilmes, para ubicar o mostrarnos imágenes que necesitamos enseñar en distintos momentos.

**Equilibrio:** existen dos tipos: el simétrico, en el cual, si se traza un eje, el escenario se divide en dos partes iguales con la misma cantidad de masa y peso. Este tipo de equilibrio representa la seriedad, divinidad, reposo, monotonía y falta de acción y vida. La otra clase es la asimétrica, todo lo contrario a la primera. Y demuestra algo variado, dinámico, alegre y vital.

**Espacio vital o funcional:** marca el espacio dinámico de movimiento para los actores.

*Fade in*: cuando desde la oscuridad se tiende a ir observando la imagen más clara o cuando desde el silencio, el sonido va tornándose perfectamente audible.

*Fade out*: es lo contrario del anterior, cuando una imagen se hace cada vez menos clara, o un sonido cada vez menos audible, hasta desaparecer. Estos efectos también se utilizan en la televisión.

*Fade*: voz inglesa que designa el efecto de surgimiento o desvanecimiento de la imagen o del sonido en la escena cinematográfica, puede ser *fade in*, *fade out*.

**Luz cenital:** la que cae verticalmente sobre el elemento y puede producir sombras muy bruscas.

**Luz contra (contraluz):** es la luz colocada detrás de los objetos y mayormente ilumina al público. Se utiliza cuando se quiere una interpretación de parte de los espectadores de calor, ya que les llega con más intensidad.

**Luz de panorama:** son los focos que iluminan de abajo a arriba y viceversa.

**Luz frontal:** es la más directa.

**Luz lateral:** la que predomina en la danza y el ballet y resalta las figuras, ya que se ubica en las calles de la escena.

**Maquetas:** representación tridimensional a escala de una obra compleja. En general, para la construcción de edificios, plantas industriales, barcos, aviones o piezas variadas, se utilizan planos. Estos son representaciones a escala, en dos dimensiones, de la obra que se pretende construir o se ha construido. En algunos casos la información que suministran los planos es insuficiente, por lo que se recurre a las maquetas. Su utilización devela problemas constructivos, que solo con los planos no se habrían visto. En estos, la visión espacial no es intuitiva, en las maquetas sí. Aunque la aparición de los potentes ordenadores o computadoras para diseño (CAD/ CAM) ha sustituido en gran medida a las maquetas como herramientas de construcción, se siguen utilizando aun en la construcción naval, y en general en la industria, aunque hoy se emplean más para dar una visión espacial de lo construido que como ayuda durante la construcción. Es habitual que a los visitantes de una planta industrial de cierta complejidad se les explique su funcionamiento, utilizando una maqueta a escala, en la que, con facilidad y de una forma amena, se les van mostrando las distintas dependencias.

**Orticón:** disco plano y circular perforado por una serie de pequeños agujeros dispuestos en forma de espiral, que partían desde el centro. Al hacer girar el disco delante del ojo, el agujero más alejado del centro exploraba una franja en la parte más alta de la imagen y así sucesivamente hasta explorar toda la imagen. Sin embargo, debido a su naturaleza mecánica, el disco *Nipkow* no funcionaba de manera eficaz con tamaños grandes y altas velocidades de giro para conseguir una mejor definición.

**Pateca o burriquetas:** soporte de madera que aguanta los paneles para mantenerlos en su posición.

**Pátina en la escenografía:** Hay momentos en las construcciones escenográficas que se necesita envejecer, romper o dar apariencia de humedad en las paredes, eso lo realizan los pintores escenográficos, los cuales utilizan varias técnicas, que pueden ser con pinturas, polvos como el yeso, el blanco españa, la cola y otros aditamentos, hasta lograr lo deseado en la trama.

**Recortador:** es de gran importancia hoy en día para nuestros medios audiovisuales, pues podemos transportarnos a muchos lugares sin necesidad de grandes construcciones. Con esta terminología se conoce a la tela o panel de color azul intenso o verde, que se utiliza para realizar efectos especiales en post-producción y que nos permite ponerle distintas imágenes de acuerdo con la trama o paisaje necesario. Delante de este panel o tela se colocan a los actores u objetos que deseamos transportar a unos sitios cercanos o lejanos y que no podemos construir para trasladar a los actores.

*Set*: palabra anglosajona para denominar el escenario, natural o construido en el foro, donde se efectúa el rodaje. También se le dice a cualquier lugar donde transcurre la acción.

*Stillman*: voz inglesa para designar al fotógrafo de foto fija en funciones durante el rodaje.

*Storyboard*: desarrollo visual de la idea que se va a rodar, en una serie de dibujos o fotografías. Su antecesor en el cine lo fue el *Back-projection*, muy usado en filmaciones, donde por ejemplo veíamos un automóvil en marcha, sin que este se moviese del sitio donde se encontraba, dejando atrás el paisaje o vista que la trama necesitara. También hemos visto escenografías donde ha sido necesario construir una vivienda determinada enclavada en los estudios, y a través de sus ventanas y puertas estemos viendo paisajes de otros países. Uno de los ejemplos más recordados en el cine cubano fue en el filme *Una pelea cubana contra los demonios* del director Tomás Gutiérrez Alea. En los Estudios Fílmicos de Cubanacán se construyó el interior de la iglesia de este filme, que tenía una dimensión de aproximadamente treinta por veinte metros, y su terminación debía dar una rústica iglesia.

El especialista Ramón Compén, gloria del cine cubano, con blanco españa, yeso, cola y miel de purga (derivado de la caña de azúcar), logró una maravillosa y creíble ambientación escenográfica, lo cual le valió una gran felicitación de todo el equipo de realización.

**Variedad:** Es lo que rompe el hielo de la seriedad. Engancha a los espectadores y es pura animación. Hay que cuidar que no se vaya a un extremo, que no quede ridículo. Es necesario controlar las líneas, el color y los valores. Por ejemplo: cuando hay una repetición de colores, no hay que mezclarlos, es preferible utilizar gamas.

# BIBLIOGRAFÍA

ACHA, JUAN: *Introducción a la teoría de los diseños*, Editorial Trillas, México, D.F, 1991.

AGRAMONTE, ARTURO Y LUCIANO CASTILLO: *Cronología del cine cubano I* (1897-1936), Ediciones ICAIC, La Habana, 2011.

ARTIS-GENER, A.: *La escenografía en el teatro y el cine*, Editorial Centauro, S.A., 1947.

BANDINI, B. Y VIAZZI, G.: *La escenografía cinematográfica*, Ediciones Rialp, S.A., 1959.

BARASH, ZOIA: *El cine soviético*, Ediciones ICAIC, La Habana, 2008.

CARMONA, LUIS MIGUEL: *Un paseo por la alfombra roja: La historia no oficial de los Oscar*, T & B Editores, Madrid, 2002.

CHOMSKY, NAM: *Ensayos sobre forma e interpretación*, Madrid, Cátedra, 1989.

CIRLOT, E: *Diccionario de símbolos*, Editorial Labor, S. A., Barcelona, 1978.

COLECTIVO DE AUTORES: *La televisión como arte*, Editorial Letras Cubanas, La Habana, 1984.

DAVIS, TONY: *Escenógrafos Artes Escénicas*, CEANO, s/f.

DÍAZ, MARTA Y JOEL DEL RÍO: *Los cien caminos del cine cubano*, Ediciones ICAIC, La Habana, 2010.

GARCÍA BORRERO, JUAN ANTONIO: *Todo sobre Oscar (1929-2005)*, Editorial Oriente, Santiago de Cuba, 2006.

GARCÍA ESPINOSA, JULIO: *Un largo camino hacia la luz*, Casa de Las Américas, La Habana, Cuba, 2002.

GONZÁLEZ CASTRO, VICENTE: *Video*, Editorial Pueblo y Educación, La Habana, 1987.

GONZÁLEZ, REINALDO: *Cine cubano, ese ojo que nos ve*, Editorial Oriente, Santiago de Cuba, 2009.

GUERRA, RAMIRO: *Teatralización del folklore y otros ensayos*, Editorial Letras Cubanas, La Habana, 1989.

GUTIÉRREZ ALEA, TOMÁS: *Dialéctica del espectador*, Ediciones Unión, La Habana, 2008.

ROJAS BEZ, JOSÉ: *El cine entre las artes. Reflexiones estéticas sobre cine*, Editorial Pueblo y Educación, Ciudad de La Habana, 2006.

SANTOVENIA, RODOLFO: *Diccionario de cine*, Editorial Arte y Literatura, La Habana, 2006.

TAYMOR, JULIE: *Playing with fire*: Theater, Opera, Film. Harry N. Abrams, INC., Publishers, 1999.

VALDÉS-RODRÍGUEZ, JOSÉ MANUEL: *Ojeada al cine cubano*, compilador: Pedro Noa Romero, Ediciones ICAIC, La Habana, 2010.

VARIOS AUTORES: *El ballet, enciclopedia del arte coreográfico*, Ed. Aguilar, Toledo, España, 1981.

WAGNER, FERNANDO: *Técnica teatral*, Editorial Labor, S.A., Barcelona, 1952.

WALKER, JOHN A Y SARAH CHAPLIN: *Una introducción a la cultura visual*, Ediciones Octaedro, Barcelona, 2002.

## ENTREVISTAS REALIZADAS POR NORMA GÁLVEZ A:

Alderete, Ángel

Maseda, Carlos

Aquino, Delso

Piard, Tomás

Arrocha, Eduardo

Suárez del Villar Fernández

Cabada, Armando

Artigas, José Ramón

Subirats, Piedad

Jáuregui, José

Vive, Elio

Lacosta, Luis

Luis Lacosta Alverich, director de arte

# ÍNDICE

A MODO DE PRESENTACIÓN ................................................................. 13

NOTAS PARA UN PRÓLOGO .................................................................. 15

LA ESCENOGRAFÍA: POESÍA ESPACIAL ................................................ 23

ESCENOGRAFÍA: EL ENCANTO DE LA IMAGINACIÓN ....................... 25

FUNCIÓN DE LA ESCENOGRAFÍA .......................................................... 29

EL ESPACIO ESCÉNICO ............................................................................ 40

EL DISEÑO Y SU RELACIÓN DIRECTA CON LA ESCENOGRAFÍA...... 44

EL DISEÑO ESCENOGRÁFICO ................................................................. 52

LA PUESTA EN ESCENA ........................................................................... 54

LA ESCENOGRAFÍA: DEL TEATRO AL CINE Y LA TELEVISIÓN ......... 56

UNA NUEVA ETAPA: LA ESCENOGRAFÍA EN EL CINE ....................... 62

LA ESCENOGRAFÍA EN LA TELEVISIÓN ............................................... 66

LA ESCENOGRAFÍA EN OTROS MEDIOS .............................................. 75

LOS MAESTROS FUNDADORES .............................................................. 85

EL ESCENÓGRAFO O DISEÑADOR ESCENOGRÁFICO ........................ 92

PROCESO DE TRABAJO DE UN DISEÑADOR ESCENOGRÁFICO ....... 99

LOS RECURSOS ARTÍSTICOS Y LA ESCENOGRAFÍA ........................... 109

LAS RELACIONES ENTRE LA ESCENOGRAFÍA ................................... 110
Y OTRAS MANIFESTACIONES ARTÍSTICAS

EL DISEÑO DE VESTUARIO: SU PAPEL Y PARTICULARIDADES ........ 113

PELUQUERÍA Y MAQUILLAJE ................................................................ 121

EL AMBIENTADOR EN EL MEDIO AUDIOVISUAL ............................... 126

CONCEPTOS IMPRESCINDIBLES A TOMAR
EN CONSIDERACIÓN POR LA ESCENOGRAFÍA .................................. 129

LOS PROBLEMAS ESCENOGRÁFICOS Y SUS SOLUCIONES ............... 131

EL DISEÑO DE LUCES: UN MOMENTO IMPRESCINDIBLE ................. 132

EL DIRECTOR DE FOTOGRAFÍA: UNA RELACIÓN DIRECTA ............. 139

DIRECTOR DE ARTE: UNA NECESIDAD .............................................. 142

DIRECTOR DE ARTE: ¿CÓMO ENTENDERLO? ..................................... 143

LUIS LACOSTA ........................................................................................... 159

ENTREVISTA DE NORMA GÁLVEZ CON LUIS LACOSTA ALVERICH ..... 160

DELSO AQUINO ENTREVISTA A LUIS LACOSTA, ............................... 176

BALTASAR SANTIAGO MARTÍN ENTREVISTA ..................................... 179
A LUIS LACOSTA

RECUERDOS DE COSAS QUE A VECES
SUCEDEN EN UNA FILMACIÓN .............................................................. 182

ELLOS HABLAN DE LUIS LACOSTA ..................................................... 189

JORGE DYSEL, DIRECTOR DE CINE ARGENTINO ............................... 191

EDUARDO TORAL, DIRECTOR ESPAÑOL ............................................. 192
DE DOCUMENTALES Y FILMES DE FICCIÓN

JOSÉ RAMÓN ARTIGAS, DIRECTOR DE TELEVISIÓN .......................... 194

DELSO AQUINO, DIRECTOR DE TELEVISIÓN......................................... 195

MANUEL HERRERA, DIRECTOR DE CINE ............................................... 196

ARMANDO SUÁREZ DEL VILLAR FERNÁNDEZ CABADA,
DIRECTOR TEATRAL, PREMIO NACIONAL DE TEATRO ..................... 199

RELACIÓN DE OBRAS DE LUIS LACOSTA............................................... 202

OBRAS ............................................................................................................ 203

LO MEJOR DEL CINE CUBANO ................................................................. 210

PELÍCULAS PREMIADAS............................................................................. 215

PELÍCULAS PREMIADAS POR DIRECCIÓN ............................................. 216
DE ARTE Y DISEÑO ESCENOGRÁFICO.

RELACIÓN DE TÉRMINOS ......................................................................... 231

BIBLIOGRAFÍA.............................................................................................. 236

www.ingramcontent.com/pod-product-compliance
Lightning Source LLC
Chambersburg PA
CBHW041430300426
44114CB00007B/92